KB060262

인생을 바꾸는 맥脈

삶의 지혜

허장 지음

80세 인생의 제2장에서 한 그루의 나무를 심다

청어 도서출판

머리말

　저는 올해 80세라는 제2의 인생 고갯길을 들어선 사람으로서, 내일 죽는 날이 될지라도 '삶의 지혜'라는 글을 한 그루의 나무를 심는 심정으로 매일 빠짐없이 쓰다 보니 어언 1,400회 이상을 쓰게 되었고 쓰다 보니 6개월 분량을 미리 써놓은 상태로, 독자들께서 원하신다면 계속 시리즈로 책을 발간코자 합니다. 책 1권의 분량이 100회 정도라고 하니 계속 발간이 가능할 것 같군요.

　저는 1975년부터 35세에 무역업을 하던 사람으로서 2004년도(64세), 2월에 뇌경색, 4월에 뇌출혈, 11월에 임파선암(항암주사 치료와 방사선 치료 병행) 그리고 다음해 2월에 폐렴으로 65㎏에서 50㎏으로 떨어지고, 2011년까지 멀쩡한 상태에서 비몽사몽으로 멘탈 붕괴된 상태에서 헤매다가, 이렇게 덧없이 살다가 갈 수 없다는 생각이 버쩍 들면서, 제가 평소에 못 다한 꿈, 그것도 거창하게 우리나라 섬유산업 선진화와 세계 섬유정보센터화(처음에는 일본, 이탈리아 따라잡기) 작업을 위하여 섬유관련 연구원의 섬유부문 고문 역할을 하면서 동시에 우리나라 국민대통합과 지속발전 시스템 구축을 위한 가칭 사회탐구아카데미하우스와 명예의 전당, 그리고 비전(시대정신) 제시 연구소와 사회봉사단체를 묶어 지식, 정보, 아이디어, 인재 발굴 및 교육, 훈련 그리고 각 분야 인재의 네트워크 구축을 위한 재단을 만들고자 근 10년을 도서관에 출근하면서 동시에 주요 관계 당사자들을 만나 얘기를 나누며 삶의 지혜를 쌓아가면서 오늘에 이르렀습니다.

 원래 글을 쓰게 된 동기는 우리 세대가 대개 그러했듯이 가족을 위해서, 거창하게는 대한민국 발전을 위해서 바쁘게 살다 보니, 제대로 된 가정교육의 기회를 갖지 못하여 가족 간의 애틋한 대화나 정이 결여된 채, 오직 물질적인 것에 치중하다 보니 올바르고 보람된 가족공동체를 이루지 못하고 살아온 것에 대한 뒤늦은 깨달음에 평소에 자식들에게 해주고 싶었던 '삶의 지혜'를 글로써 매일 쓰다 보니 오늘에 이르렀고, 동시에 주위의 많은 사람들과 공유하면서 공감과 용기를 얻어 책을 발간키로 하였습니다.

 우리는 성공하고 행복하기 위해서 열심히 살아가고 있지요. 그런데 진정한 성공과 행복이 무엇이며, 그것을 어떻게 얻고 계속 유지할 수 있느냐의 문제를 깨닫고 선진국 수준에 맞게 삶의 수단가치, 즉 돈, 권력, 명예 이전에 존재의 행복, 더불어 살아가면서 느끼는 일상의 행복이 더 중요하다는 것이지요. 그런 가운데, 자신의 꿈을 이루어가면서 보다 활기찬 삶을 살아갈 수 있을 것입니다.

 '삶의 지혜'라는 글을 쓰면서, 인생은 배우고 깨달으며 가는 것이며 인생은 흐르는 물과 같아 붙잡을 수도 없고 인생은 고통과 고난의 연속이기에 '역경에 처해 보지 않은 사람보다 불행한 사람은 없다. 인생의 가장 큰 고통은 고통을 당해보지 않은 것이다.'라는 속담이 있듯이, 고통,

수난의 역경은 창조주 하느님께서 우리 인간에게 주신 '영적 선물(靈的 善物)'이라고 생각이 드는군요.

한편 본 글을 쓰면서 우리 대한민국과 민족은 단군조선(BC 2333)의 홍익인간정신을 이어 받아, 서구사회의 고대 그리스신화, 로마법, 성경, 탈무드의 정신을 전부 망라한 서구문화 이상의 보편적 인류문화 정신을 담고 있다는 사실을 알고 나서 우리 민족은 유태인들보다 아니 전 세계 어느 민족보다 탁월한 민족이라는 것을 알게 되었고, 그에 힘입어 국민대통합과 지속발전 시스템 구축에 박차를 가하고 있습니다.

살아가면서 혼란스럽고 이해되지 않는 것들을 어떻게 대처하며 새로운 시대감각에 맞게 예전에 맛보지 못한 보람된 삶과 삶의 공동체를 함께 만들어갈 삶의 지혜를 함께 나누고자 합니다.

본 글은 멘토, 고문, 컨설팅의 성격을 띠고 있어서, 삶의 맥(脈, MAC[-MENTOR+ADVISOR+CONSULTANT+COACH])을 파악하고 이어나가면 개인 및 조직 운영, 특히 가정, 기업, 단체의 지혜서로서, 또는 비대면으로 인성교육을 시키는 데에도 많은 도움이 될 것입니다.

제가 오늘에 있기까지 지켜주신 창조주 하느님, 그리고 말로써 표현할 수 없는 정도로 지극정성으로 지금까지 저의 건강을 지켜주고 있는 집사람 조금옥 세실리아, 그리고 대학시절부터 지금까지 망망대해의 등대처럼 지켜주는 저의 친구 서철건(전 삼다수 사장, 서귀포 귤 농장 운영)에게 감사한 마음을 전합니다.

제가 이렇게 쉽게 글을 쓸 수 있는 가장 큰 이유는 선친 허형(대한민국 건국공로상 수상, 사당동 현충사 애국지사묘에 부부 합장)께서 일제 때 젊은 시절 독립운동을 하셨고, 심한 고문과 옥중생활을 마치신 후 신간회 안주지부장을 하시면서 야학을 운영하셨고, 동시에 조선일보, 동아일보 평양지국장을 하시면서 글을 쓰시다 보니, 그 재능을 좀 이어받은 것 같고, 어머님께서는 아버지께서 일찍이 상처하시여 13년 연하 백말띠 숫처녀로 시집오셔서 10살 차이도 안 되는 배다른 누이 두 분과 형님을 배가 같은 저희 형제보다 더 잘해주시면서 모든 가족을 껴안고, 가난한 듯하나 부유한 가정을 꾸려 오신 어머님의 더불어 사랑을 듬뿍 받아 오늘에 이른 것 같습니다. 덤으로 사는 제2의 인생, 그저 창조주 하느님께 감사, 또 감사한 마음을 전하고자 합니다. 감사합니다.

적송(赤松) 허장(許璋)

1부

매화 같은 삶

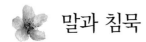 말과 침묵

따뜻한 말 한마디가 사람의 마음을 움직입니다. 우리가 하는 말에는 온도가 있기 때문이지요. 말은 우리의 입을 통해서 전달되지만, 그 뿌리는 가슴에 있기 때문입니다.

따뜻한 말 한마디가 사람의 마음을 움직이지만, 그러나 차가운 말 한마디는 얼어붙게 하지요. 가장 기쁜 일도 입에 있고, 가장 슬픈 일 또한 입에 있다는 사실입니다.

그저 마냥, 시도 때도 없이 상대에게 따스한 미소와 함께 예쁜 말을 건네면 어떨까요? 그러다 보면 서로 예뻐지는 것이 아닌가요?

말이란? 각자 인격(人格)과 같고, 행동의 거울이며, 하나의 훌륭한 무기로서, 웅변과 같은 가치가 있으며, 말은 행동보다 긴 생명을 가지고 있다고도 하지요.

'우리가 정말 영원히 이별해야 한다면, 단 한 마디라도 상냥한 말을 해 주세요. 그래서 내 가슴이 찢어지도록 아플 때면, 언제나 그 말을 생각하고 위로할 수 있도록 말입니다.'라고 T. 오트에이가 '고아'에서 말했듯이 말의 위력을 말하고 있군요.

'말은 인간적(人間的)이요, 침묵(沈默)은 신성(神性)이다. 그러기에 우리는 양쪽 기술을 함께 지녀야 한다.'라고 T. 칼라일이 얘기했듯이, 차마 말로서 표현할 수 없을 때는 침묵으로 대신해야 할 것입니다.

또한 말을 많이 하는 것과 잘한다는 것은 별개의 일이지요. '입에 들어가는 것이 사람을 더럽히는 것이 아니라 입에서 나오는 그것이 사람을 더럽게 하는 것이니라.'라고, 신약성서 마태복음 15장 11절에서 말하듯이, 말의 중요성에 대한 인식을 새롭게 가졌으면 합니다.

우리가 다른 사람들과 관계할 때 주로 말을 사용하지요. 잘 모르는 초기 단계에서는 말을 하지 않고는 거의 아무 관계도 이루어지지도 않습니다. 그리고 긴 침묵이 흐르는 동안은 서로 서먹서먹하고 거북한 느낌을 갖게 하지요.

사실 말을 많이 나누지만 아무 의미 없이 얘기하는 경우가 참 많은 것 같습니다. 그렇지만 그런 가운데 친밀감을 느끼게 하면서 서서히 말 한마디 한마디가 중요한 의미를 갖게 하지요. 그 의미가 더해 가면서 깊은 의미를 갖게 하고, 이때 간혹 '침묵'의 틈새가 생기고 초기에는 말이 없는 침묵이 매우 어색하게 느껴지지요. 동시에, '무슨 말을 해야 할 것인지' '혹시 말을 하지 않으면 상대가 어떻게 생각할까?' 등등 생각이 들게 되지요.

그렇지만, 관계가 가까워지고, 사랑이 깊어지면 깊어질수록 말이 필요 없어진다고 합니다. 오직 낯선 사람들과의 관계에서는 따스한 말 한마디가 매우 중요하지만, 사랑하는 사이에서는 별로 할 말이 없다는 것이지요.

그런데 우리는 이러한 침묵에 익숙하지 않기 때문에 그 순간을 아주 어색하게 느끼지요. 우리는 오직 입으로 말하는 것이 유일한 소통수단으로 알고 있기 때문이지요. 즉 '침묵의 언어', 가슴 깊숙한 곳에서 우러나오는 진실 된 고차원의 언어 말입니다. 우리 인간 사회에서 언어가 필요한 것은 진실로 교류하는 방법을 잘 모르기 때문이지요. 그 방법을 터득하게 되면 서서히 언어가 필요 없게 된다는 것입니다.

기도나 묵상과 같은 명상(瞑想)을 하면서 창조주 하느님께 감사함과 동시에 지금 살아있음에, 자연관 모든 인간과 함께 함에 감사를 드리며 기쁨을 느끼는 것과 같이 침묵도 명상이 깊어지면 깊어질수록 우리의 사랑과의 관계도 깊어진다는 것이지요.

기도, 묵상, 명상, 침묵은 결국 창조주 하느님, 대자연, 모든 인간을 사랑으로 연결해 주는 역할을 한다는 것입니다. 사실 언어는 우리가 잘 모르는 사람과 만날 때 필요한 것이지 진정 사랑하는 사람과 있을 때는 언어가 필요 없지요.

물론 몸의 제스처, 눈빛, 얼굴 표정 등으로 미소를 짓거나 손을 다정하게 잡아준다든지, 포옹을 한다든지, 말없이 상대방을 측은지심으로 본다든지 하면서 서로가 마음이 용해되어 하나가 되지요. 즉, 두 사람만이 아는 어떤 일이 아주 깊은 곳에서 일어나 아무도 알 수 없는 둘만의 세계에 빠지게 될 것입니다.

침묵! 어떠한 것도 장단점을 가지고 있듯이, 침묵으로 책임회피 내지 묵시적 동의로, 첨예한 이해관계에서 벗어나려는 의도에서 사용하는 경우, 또는 능력의 문제로서 자신감의 결여로 인한 묵시적 행동 같은 것이 있지만, 침묵은 본래 순수함과 고결함을 지니고 있기에 침묵을 마음껏 즐기고 느끼며 음미하다 보면 침묵 자체에 소통을 위한 연결고리가 있다는 것을 깨닫게 되고 그 자체가 샘물과 같아 많은 에너지와 잔잔한 기쁨을 가지게 한다는 사실입니다.

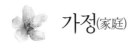 가정(家庭)

누군가 주변에 있어주는 것만으로도 축복받아야 할 일이고 감사한 일입니다.

뉴욕에서 플로리다 해변으로 가는 버스에 활달한 세 쌍의 젊은 남녀가 탔습니다. 승객이 모두 타자 버스는 곧 출발했습니다. 세 쌍의 남녀들은 여행의 기분에 취해 한참을 떠들고 웃어대다가 시간이 지나자 점점 조용해졌습니다.

그들 앞자리에는 한 사내가 돌부처처럼 앉아 있었습니다. 무거운 침묵, 수염이 덥수룩한 표정 없는 얼굴, 젊은이들은 그 사내에게 관심을 두기 시작했습니다. 그는 누구일까? 배를 타던 선장? 아니면 고향으로 돌아가는 퇴역 군인?

일행 중 한 여자가 용기를 내어 그에게 말을 붙였습니다. 그에게는 깊은 우수의 그림자 같은 것이 느껴졌습니다.

"포도주 좀 드시겠어요?"

"고맙소."

그는 엷은 미소를 지어보이고 포도주를 한 모금 마셨습니다. 그러곤 다시 무거운 침묵 속으로 들어갔고, 어느새 시간이 흘러 아침이 되었습니다.

버스는 휴게소에 섰고 어젯밤 말을 붙였던 여자가 그 사내에게 함께 식사하자고 말했습니다. 그는 수줍은 표정을 보이면서 자리를 함께 했습니다. 식사를 끝내고 다시 버스에 올라탔고, 젊은 여자는 그의 옆자리에 가 앉았습니다.

얼마 후 사내는 여자의 집요한 관심에 항복했다는 듯 굳게 닫혀있던 입을 열고 자신의 이야기를 천천히 꺼내기 시작했습니다. 그의 이름은 '빙고'였으며, 지난 4년 동안 뉴욕의 교도소에서 징역살이를 하고 이제 석방되어 집으로 돌아가는 길이라고 했습니다.

"감옥에 있는 동안 아내에게 편지를 보냈소. 나는 부끄러운 죄를 짓고 오랜 시간 집에 돌아갈 수 없으니 만약 나를 기다릴 수 없다고 생각되거나 혼자 사는 그것이 고생된다고 생각되거든 나를 잊어달라고 했고, 재혼해도 좋다고 했으며, 편지를 안 해도 좋다고 했습니다. 그 뒤로 아내는 3년 반 동안이나 편지를 하지 않았지요.

석방을 앞두고 아내에게 다시 편지를 썼지요. 우리가 살던 마을 어귀에 커다란 참나무 한 그루가 있습니다. 나는 편지에서 만일 나를 용서하고 다시 받아들일 생각이라면 그 참나무에 노란 손수건을 달아달라고 말했습니다. 만일 아내가 재혼했거나 나를 받아들일 생각이 없다면 손수건을 달아놓지 말아요. 그러면 나는 그냥 버스를 타고 어디로든 가버릴 거요, 라고 말입니다."

그의 얼굴이 그렇게 굳어져 있었던 것은 거의 4년간이나 소식이 끊긴 아내가 자기를 받아줄 것인가? 하는 불안감 때문이었습니다.

이 이야기를 들은 여자는 물론이고 그녀의 일행들도 이제 잠시 뒤에 전개될 광경에 대해 궁금해 하며 가슴을 졸이게 되었습니다. 이 이야기는 다른 승객들에게도 전해져 버스 안은 설렘과 긴장감으로 가득 찼습니다.

빙고는 흥분한 표정을 보이거나 창밖을 내다보거나 하지 않았습니다. 하지만 그의 굳어진 얼굴에서 깊은 긴장감을 느낄 수 있었습니다. 마치 그는 이제 곧 눈앞에 나타날 실망의 순간을 대비하며 마음속으로 각오를 단단히 하는 것처럼 보였습니다.

마을과의 거리는 점점 가까워졌습니다. 20마일, 15마일, 10마일…

물을 끼얹은 듯 버스 안은 정적이 감돌았습니다. 자동차의 엔진 소리만이 꿈결에서처럼 아스라하게 일정한 리듬으로 고막을 두드리고 있었습니다. 승객들은 모두 창가로 몰려가 숨을 죽이고 기다렸습니다.

드디어 버스가 마을을 향해 산모퉁이를 돌았습니다. 바로 그때, "와!" 젊은이들의 함성이 일제히 터져 나왔습니다. 버스 승객들은 너나 할 것 없이 자리를 박차고 일어나 소리쳤고 눈물을 흘리며 서로를 얼싸 안았습니다.

참나무는 온통 노란 손수건으로 뒤덮여 있었습니다! 20개, 30개, 아니 수백 개의 노란 손수건이 물결치고 있었습니다. 혹시라도 남편이 손수건을 보지 못하고 그냥 지나칠까봐 아내는 아이들과 함께 참나무를 온통 노란 손수건으로 장식해 놓은 것이었습니다.

여전히 침묵을 지키는 것은 오로지 빙고 한 사람 뿐! 그는 넋 잃은 사람처럼 자리에 멍하니 앉아 차창 밖의 참나무를 뚫어지게 바라보고만 있었습니다.

이윽고 빙고는 자리에서 일어났습니다. 그 늙은 전과자는 승객들의 뜨거운 환호와 박수를 받으며 버스 앞문을 향해 천천히 걸어 나갔습니다.

이 이야기는 미국 소설가이자 칼럼니스트인 피트 하밀이 뉴욕포스트에 게재한 '고잉 홈(Going home)'이란 제목의 글입니다. 이 감동적인 이야기는 1973년 토니 올랜도(Tony Olando)와 돈(Dawn)이 만든 노래 '오래된 참나무에 노란 리본을 달아주세요(Tie a yellow ribbon round the old oak tree)'가 전 세계적으로 크게 히트를 기록하면서 모두가 기억하는 감동 스토리로 남아있게 되었습니다.

노란 손수건은 용서와 포용과 사랑의 표현이라고 합니다. 부끄러운 과거를 용서해 주고 고달픈 세월을 마다하지 않고 남편을 기다려준 아내의 지극한 사랑입니다.

I'm coming home, I've done my time.(나 형기를 마치고 집으로 돌아갑니다.)

If you still want me,(당신이 아직도 나를 원한다면),

Tie a yellow ribbon around the old oak tree.(그 오래된 참나무에 노란 리본 한 개를 달아주세요.)

1979년 이란의 팔레비 왕조를 무너뜨린 이슬람 혁명이 일어나면서 이란 주재 미국 대사관에서 일하던 미국인 50여 명이 인질로 억류되었는데, 당시 인질로 붙잡힌 한 외교관의 아내가 남편이 무사히 고국으로 돌아오길 바란다는 염원을 담아 노란 리본을 집 앞 나무에 매달았고, 이 소식이 언론을 통해 알려지면서 미국 전역에 인질들을 조기 석방하여 무사 귀환을 기원하는 노란 리본 캠페인이 확산되기도 했습니다.

그 뒤에도 노란 리본은 걸프전과 이라크전 등 전쟁터로 떠난 군인들이 무사히 돌아오길 바란다는 상징으로 사용됐습니다.

'The yellow ribbon around the old tree.'

무조건 정치적인 대립으로 뜻 없이 생각 없이 이슈화하기보다 실제적인 노란 리본의 숭고한 뜻을 되새겨 보는 작금의 대한민국 현실이 되었으면 합니다.

미국의 심장부를 강타한 9·11 사건의 피해자들이 마지막 순간에 남긴 메시지는 사업이나 회사의 프로젝트 이야기가 아니었습니다. 그런 말은 한마디도 없었습니다. 인생의 마지막 순간에 그들이 남긴 메시지는 하나같이 가족에게 남긴 '사랑의 고백'이었습니다.

'여보, 난 당신을 사랑했어.' '당신을 다시 봤으면 좋겠어.' '부디 애들하고 행복하게 살아요.'

많은 사람이 일에 치여 가족도 잊은 듯 바쁘게 살아가지만, 목숨이 1분도 채 남아있지 않았을 때는 결국 가족을 찾습니다. 어머니, 아버지, 여보, 나의 아이들아!

그렇습니다! 인생의 가장 본질적인 보람은 일이나 성공이 아니라 가족입니다. 우리가 하는 일들이 아무리 소중하고 가치가 있어도 가족보다 더 중요한 것은 없습니다. 가족, 가정은 하나의 소우주공동체(小宇宙共同體)이거든요. 시인 신달자 씨가 어느 라디오 대담에서 이런 말을 했습니다.

"9년간의 시부모 병시중과 24년 남편 병시중했고, 끝내 남편은 그렇게 죽었습니다. 일생 도움이 되지 않는 남편인 줄로만 알았다는 것입니다. 그러던 어느 날 창밖에 비가 와서 '어머, 비가 오네요.' 하고 뒤돌아보니 그 일상적인 말을 들어줄 사람이 없더라는 것입니다. 그제야 남편의 존재가 자기에게 무엇을 해주어서가 아니라 그냥 존재함으로 고마운 대상이라는 것입니다. 가족보다 중요한 것은 없는 것 같습니다. 사랑하는 가족이 있는 당신은 세상에서 가장 행복한 사람입니다. 우리는 아무리 바쁘고, 중요한 일이라고 해도, 더 이상 그러한 명분으로 가정, 가족을 소홀히 하는 일은 없어야 할 것입니다."

'가정이란, 어떠한 형태의 것이든, 인생의 커다란 목표다.'라고 J.G. 홀런드는 말했고, '가정은, 네가 그곳에 가야만 할 때, 그들이 너를 받아들여야만 하는 장소이다.'라고 R. 프로스트는 말했지요.

가정을 최우선으로 하고 자기 자신과 하고자 하는 일에 최선을 다하는 자세로 상호 일체감을 만들어 가시기를 바랍니다. 당신의 아기자기하고 화목한 가정의 모습을 그려봅니다.

# 어머니의 사랑

어느 외딴 섬에서 실제 있었던 일이라고 합니다. 연로하신 어머니는 풍랑이 일 것이라는 것을 알고 아들에게 오늘은 바다에 나가지 말라고 하였습니다. 아들은 한참 고기가 나오는 철이라고 괜찮다고 고집스럽게 바다에 나갔습니다.

저녁이 되고 바다가 심상치 않은데 아들은 돌아오지 않아 엄마의 마음이 탑니다. 한밤중이 되자 바다는 큰 파도와 폭풍이 몰아치기 시작하였습니다. 동서남북이 구분이 안 되는 칠흑 같은 밤이라 아들은 방향을 잃었습니다. 어느 쪽이 자기가 사는 섬쪽인지 알 수가 없었습니다.

생사에 기로에 애타게 방황하던 중에 멀리서 불빛이 보였습니다. 아들은 그 불빛을 보고 방향을 잡아 무사히 집으로 돌아올 수 있었습니다. 그런데 가까이 와 보니 깜짝 놀랐습니다. 자기 집이 불타고 있었습니다.

그렇습니다. 어머니는 큰 불빛을 만들기 위해 자기 집에 불을 놓아 아들이 찾아오게 한 것입니다. 집은 다시 지으면 되지만 아들의 생명은 한 번 잃으면 다시 구할 수가 없기에 어머니가 할 수 있는 마땅한 최선의 선택이겠지요.

'신(神)은 도처에 가 있을 수 없기에 어머니들을 만들었다.'라고 유대 격언에 있듯이 어머니는 자식에게는 전지전능하신 하느님과 같은 존재이지요.

천하의 모든 물건 중에서 내 몸보다 더 소중한 것이 없지요. 그런데 이 몸은 부모가 주신 것이기에 우리는 어머니가 그리하셨듯이 자식도 몸을 바쳐서라도 정성껏 모시는 것이 도리일 것입니다.

자식들은 부모님의 나이를 반드시 기억하고 한편으로는 오래 사신 것

을 기뻐하며 또 한편으로는 나이가 많으신 것을 걱정하며 함께 희로애
락을 나누며 살아가는 것이 바람직하다고 생각되는군요.

'지구상에 인간이 존재하는 근본적인 소이(所以)는 부자(父子)의 도리
(道理)가 지켜지고, 부자의 사랑이 이루어지는 데에 있다.'라고 강유위(康
有爲)는 말했지요.

모든 부모가 그러하듯이 자식을 목숨을 걸고 지극정성으로 키우신
만큼 '자식이 부모를 공경함은 으뜸가는 자연의 법칙이다.'라고 세네카
가 말했듯이 신과 같은 부모에게 영광과 존경을 아끼지 말아야 하겠습
니다.

동시에 본 글이 전하고자 하는 강력한 메시지는 사람마다 생각이나
느낌이 다르겠지만 어머니가 자식을 위하여 모든 것을 버렸듯이, 우리
가 살아감에 있어, 나만이 할 수 있는 것, 또는 가족, 회사, 사회, 국가를
위한 중요한 일이라면 혼신을 다하여 최선을 다하라는 메시지로 받아
들이면 좋을 것 같습니다.

물질과 과학문명의 발달로 경쟁과 복잡하고 냉정한 사회에서 모두에
게 용기를 주고 서로 지켜줄 수 있는 '어머니의 마음'을 품고 살아가는
것이 정답이 아닐까요?

모든 것은 인연의 조화다

깨와 소금을 섞으면 깨소금이 되듯이, 뉴턴과 사과와의 인연이 만유인력의 법칙을 낳았고, 잡스와 애플의 만남이 세상을 바꿨으며, 일급장애인인 헬런 켈러 여사와 설리번 선생님이 만나 장애인과 소외계층을 위해 노력했고, 유성룡과 이순신과의 인연은 나라를 구했습니다.

원효대사는 해골바가지를 만나서 일체유심조를 깨달았듯이, 인생길에는 수많은 인연의 깨달음들이 있습니다. 밤하늘의 별을 보며 우주의 섭리를 깨우칠 수도 있고, 스치는 바람에도 계절의 원리를 알 수 있듯이 서로 나누는 악수에서도 사랑을 깨닫습니다.

모든 것에는 존재 이유가 있습니다. 내가, 우리가 살아가는 이유, 그것은 감사하고, 사랑하며, 나누고, 베풀고, 행복하게 살아야 할 이유일 것입니다.

'인생은 계산하는 것이 아니라, 그림을 그리는 것이다.'라고 O.W. 홈즈 1세가 말했듯이, 주어진 여건과 인연을 조화롭게 꾸려가라는 것이지요. 또한, 우리들은 감탄과 희망과 사랑으로 자신만의 예술작품을 만들어야 할 것입니다.

그래서 '사는 것이 내 일이요, 내 기술이다.'라고 몽테뉴가 얘기했듯이, 그러한 모든 인연으로 오늘도 즐겁고 행복한 하루가 되도록 만들어가야 할 것입니다.

'인생(人生)에는 독특한 리듬이 있다. 우리는 이 리듬의 아름다움을 알아야 한다. 대교향곡(大交響曲)을 들을 때와 같이, 그 악상(樂想), 그 난파조(難破調), 그 마지막 대협화음(大協和音)을 음미할 줄 알아야 한다. 인생의 음악은 각자가 작곡해 나가지 않으면 안 된다. 사람에 따라서는 불협화음이 점점 퍼져서 나중에는 멜로디가 말살해 버리는 경우가 있다. 그런 인생은 별도로 치고, 정상적인 인생은 엄숙한 행진처럼 끝까지 지속되는 법이다. 그러나 잡음이 많으면 템포가 잘못된 것이므로 불쾌하게 들린다. 저 밤낮을 가리지 않고 유유히 흘러서 바다로 들어가는 큰 강물의 웅장한 템포야말로 우리가 동경하지 마지않는 바이다.'라고 임어당(林語堂)은 '생활의 발견'에서 말했지요.

우리는 우리에게 주어진 인연과 운명을 물처럼 유연하고 힘차게 조화를 이루며 저 드넓은 바다로 행진해야 할 것입니다.

마음에 새겨야 할 말씀

　인생을 살아가면서 마음에 새기며 살아가야 할 좋은 글이 있어 소개 코자 합니다.

　이길 수는 없지만, 견딜 수는 있는 것… 세월

　피할 수는 없지만, 맞설 수는 있는 것… 운명

　안 먹을 수는 없지만, 잘 먹을 수는 있는 것… 나이

　가질 수는 없지만, 지켜줄 수는 있는 것… 사랑

　잊을 수는 없지만, 지울 수는 있는 것… 슬픔

　받을 수는 없지만, 보낼 수는 있는 것… 그리움

　잡을 수는 없지만, 놓을 수는 있는 것… 욕심

　막을 수는 없지만, 닦을 수는 있는 것… 눈물

　설득할 수는 없지만, 설명할 수는 있는 것… 사과

　나를 위한 시간은 없지만, 너를 위한 시간은 있는 것… 기다림

　날아오를 수는 없지만, 날아 올릴 수는 있는 것… 꿈

　어둠을 뿌리칠 수는 없지만, 등불 하나 켤 수는 있는 것… 희망

　그런가 하면, 하루하루 아침이 오는 것은 기회와 기쁨을 누리라는 뜻 이며, 하루하루 저녁이 어두워지는 것은 실패와 아쉬움을 묻으라는 뜻 이라고도 합니다.

　기회와 기쁨, 그리고 실패와 아쉬움은 낮과 밤과 같이, 또한 삶과 죽음도 하나의 순환적 부활의 과정으로 모든 것을 기꺼이 받아들여야 한다는 것이지요.

　'인간(人間)을 특정 짓는 것은 인간 천성(人間 天性)의 풍부성과 교묘성, 다양성과 융통성이다.'라고 E. 카시러가 '인간론(人間論)'에서 말했지요.

우리 인간이 살아감에 있어 항상 접하며 살 수밖에 없는 삶의 중요 요소를 어떻게 받아들이고 가꾸며 보다 보람된 삶을 사느냐의 문제이기도 합니다.

우리는 3대 종교가 공통적으로 주장하는 믿음, 소망, 사랑의 의미를 부단히 생각하면서, 갈고 닦으며 더불어 지혜롭게 즐겁고 기쁜 삶을 누릴 수 있도록 하여야 할 것입니다.

그러기 위해서는 오늘을 마무리하면서 '오늘 최선을 다했는가?'를 스스로 자문하면서, 내일의 태양을 새로운 마음으로 맞이하시기를 바랍니다.

삶을 살아가는 자세

개구리 세 마리가 목장의 깊은 우유 통에 빠졌습니다.

첫 번째 개구리는 힘차게 점프를 해봤지만 턱도 없이 모자라 도저히 우유 통에서 나올 수가 없다고 일찍 포기했습니다. 이게 나의 운명이라 생각하고 모든 것을 체념한 채 그냥 가만히 눈을 감고 죽었습니다.

두 번째 개구리는 몇 번 허우적거리다가 안 되니까 한숨만 푹푹 내쉬다가 냅다 포기하고 그냥 그렇게 죽었습니다.

그러나 세 번째 개구리는 우유 통에서 빠져나올 수 있다는 확신을 하고 계속해서 다리를 움직여 헤엄을 치면서 점프를 시도했습니다. 한참을 그렇게 계속해서 펄쩍펄쩍 뛰고 또 헤엄을 쳤습니다. 포기하지 않고 살 수 있다는 확신을 갖고 계속 우유 통 안에서 허우적거렸습니다.

그런데 뒷다리에 무언가 단단한 것이 닿는 감각을 느꼈습니다. 개구리가 계속 휘저으면서 헤엄치는 동안 우유가 굳어져서 버터가 된 것입니다. 그래서 세 번째 개구리는 버터를 딛고 점프를 해서 우유 통 밖으로 나와서 살았습니다.

'성공을 좇는 과정에서 마주치는 어두운 그림자가 실은 우주가 내게 새로운 방향을 보여주기 위해서 준비한 거라는 사실을 완전히 이해하게 되면서, 나는 내가 배운 가장 위대한 교훈 중 하나를 완벽하게 내 것으로 만들 수 있었습니다. 당신도 삶에서 마주치는 경험을 그런 식으로 바라본다면 하나하나가 기적이 되고 축복이 되며 기회가 됩니다.'

오프라 윈프리의 말입니다. 위의 글을 요약한다면, 우리의 삶은 불충분하고 예측불허의 상태에서 충분하고 바람직한 상태로 이루어지게 하는 의지와 능력의 문제라고 생각되는군요.

또한 우리의 인생은 어느 때나 무엇보다도 우리는 할 수 있다는 깨달음에서부터 시작되는 것 같습니다.

'인생은 행동이다. 아무 것도 하지 않는 것은 곧 죽음이다.'라고 L. 모리스는 말했지요. '세상에서 가장 용감한 광경은, 불리한 여건에서 싸우는 사람이다.'라고 F.K. 레인은 말했으며, '싸움에서 위험이 없을 때, 승리해도 영광이 없다.'라고 P. 코르네이유는 말했지요.

'떠밀고 떠밀리면서 살지 않는 사람은 없다. 어디를 가든지 사람은, 공격을 주고받으며, 팔꿈치로 세상을 헤치고 나아가야 한다.'라고 T. 칼라일이 말했듯이, 우리는 어떠한 고난도 이겨냄으로써, 행복의 소중함을 느끼며 매순간 최선을 다하며 살아가야 할 것입니다.

어느 부부의 아름다운 사랑 이야기

　나이 20대 후반의 두 남녀가 서로 사랑하며 결혼을 하였지요. 그리고 어느새 2년이란 세월이 흘렀는데, 그때 그들에게 불행이 닥쳤습니다. 그들이 살던 자그마한 집에 불이 났고, 그 불로 아내는 실명을 하고 말았습니다. 모든 것을 잃어버리지는 않았지만, 그들에겐 어쩌면 가장 소중한 것을 잃어버린 셈이 되었는지도 모르겠습니다.

　이제는 더 이상 아내가 볼 수 없어서 남편은 늘 아내의 곁에 있었습니다. 아내는 앞을 볼 수 없기 때문에 혼자 몸을 움직이는 것도 쉽지가 않았습니다. 남편은 곁에서 아내를 도와주었지요.

　처음엔 아내가 많이 짜증도 부리고 화도 내었지만 남편은 묵묵히 그 모든 것을 받아 주었답니다. 늘 사랑하는 아내를 구해내지 못했고 거기다가 실명까지 하다 보니 남편으로써 미안한 마음이 가득했던 모양입니다.

　또 다시 시간이 흘러 아내는 남편의 도움 없이도 주위를 돌아다닐 수 있을 만큼 적응을 하였습니다.

　그제야 남편의 사랑을 이해할 수 있었습니다. 자신을 위해 모든 것을 바치고 있는 남편에게 이젠 다시 화를 내거나 짜증을 부리지 않았습니다. 그렇게 이젠 둘은 아무 말 없이 저녁노을에 한 풍경이 되어도 편안한 나이가 되어 갔답니다.

　시간은 그들에게 하나둘씩 주름을 남겨 놓았고, 아름답던 아내의 얼굴에도 세월의 나이테처럼 작은 무늬들이 생겨나고 남편의 늘 따사롭던 손도 여전히 벨벳처럼 부드럽긴 하지만 많은 주름이 생겨났지요. 남편은 이제 아내의 머리에 난 하얀 머리카락을 보며 놀리곤 했답니다.

"이제 겨우 8월인데 당신의 머리엔 하얀 눈이 내렸군."

어느 날인가 아내가 남편에게 이런 말을 했답니다.

"이제 왠지 마지막으로 이 세상을 한번 보고 싶어요. 벌써 세상의 빛을 잃은 지 수십 년이 되었지만 마지막으로 당신의 얼굴이 보고 싶군요. 난 아직도 기억한답니다. 당신의 그 맑은 미소를…. 그게 내가 본 당신의 마지막 모습이니까요."

남편은 아무런 말도 하지 않았습니다. 아내가 세상을 볼 수 있는 마지막 길은 누군가의 눈을 이식 받는 것뿐이었습니다. 그러나 그것은 쉽지가 않았습니다. 아무도 이제 살아갈 날이 얼마 남지 않는 아내에게 각막을 이식해 주려고 하지 않았거든요.

아내는 그것이 자신의 마지막 소원이었지만 그다지 신경을 쓰지 않았습니다. 하지만 남편은 마음속으로 많은 생각을 했나 봅니다.

"나 당신의 모습을 한 번만이라도 더 보고 싶군요."

세월은 이제 그들에게 그만 돌아오라고 말을 전했답니다. 그 메시지를 받은 사람은 먼저 남편이었지요. 아내는 많이 슬퍼했습니다. 자신이 세상의 빛을 잃었을 때보다 더 많이 말입니다.

그러나 남편은 아내에게 마지막으로 선물을 하나 하고 떠나기로 했지요. 자신의 각막을 아내에게 남겨 주는 것이었습니다. 비록 자신의 눈도 이제는 너무나 희미하게만 보이지만 아내에게 세상의 모습이라도 마지막으로 보여 주고 싶었던 거지요.

남편은 먼저 하늘로 돌아가고 아내는 남편의 유언에 따라 남편의 각막을 이식 받게 되었습니다. 그녀가 처음으로 눈을 떴을 때 주위에는 아무도 없었습니다. 늘 곁에 있던 남편의 그림자조차 말이죠.

병원 침대에서 내려와 이제 환하게 밝혀진 거리의 모습을 내려다보며, 아내는 남편의 마지막 편지 한 통을 받게 되었답니다.

'당신에게 지금보다 훨씬 전에 이 세상의 모습을 찾아 줄 수도 있었는데… 아직 우리가 세월의 급류를 타기 전에 당신에게 각막 이식을 할 기회가 있었지. 하지만 난 많이 겁이 났다오. 늘 당신은 내게 말하고 있었지. 나의 마지막 모습에 대해서… 아직 젊을 때 나의 환한 미소에 대해서 말이오. 하지만 그걸 아오? 우리는 너무나 늙어버렸다는 것을… 또한 난 당신에게 더 이상 당신이 기억하고 있는 모습을 보여 줄 수 없다오. 당신은 눈을 잃었지만 그때 난 나의 얼굴을 잃었다오. 이제는 미소조차 지을 수 없게 화상으로 흉측하게 변해 버린 나의 모습을 당신에게 보여 주고 싶지 않았소. 또한 우리 생활의 어려움과 세상의 모진 풍파도 말이오. 난 당신이 나의 그 지난 시절 내 미소를 기억하고 있기를 바랐소. 지금의 나의 흉한 모습보다는… 그러나 이제 나는 떠나오. 비록 당신에게 나의 미소는 보여 주지 못하지만 늘 그 기억을 가지고 살아가기 바라오. 그리고 내 마지막 선물로 당신이 이제는 환하게 변해 버린 세상을 마지막으로 보기를 바라오.'

아내는 정말로 하얗게 변해 버린 세상을 바라보며 중얼거렸습니다.

"난 알아요. 당신의 얼굴이 화상에 흉측하게 변해 버렸다는 것을… 그리고 그 화상으로 인해서 예전에 나에게 보여 주던 그 미소를 지어 줄 수 없다는 것도… 곁에서 잠을 자는 당신의 얼굴을 더듬어 보고 알았지요. 하지만 난 아무런 말도 하지 않았어요. 당신도 내가 당신의 그 미소를 간직하기 바란다는 것을 알고 있었기 때문이었죠. 미안해 할 필요 없어요. 난 당신의 마음 이해하니까 말이에요. 참 좋군요. 당신의 눈으로 보는 이 세상이…"

그리고 며칠 뒤 아내도 남편의 그 환하던 미소를 좇아 하늘로 되돌아 갔습니다.

위의 글을 읽어보신 후, 여러분들께서는 자신과 무관한 상상의 세계일 수도 있지만, 한 번쯤은 자신의 경우를 심도 있게 상상해 보시기를 적극 권하는 바입니다.

한 가지 확실한 것은 '사랑은 이유가 없고, 변명의 여지도 없으며, 그저 마냥 주는 것'이라고 순간적으나마 느껴질 때, 당신은 위와 같은 순수한 사랑을 갖고 있다는 사실을 전하고 싶습니다. 사랑은 그저 무작정 주는 것이고 그것에 감동하고 감사한 마음을 갖는 것 자체로 충분한 것이니까요.

성경에 이런 말씀이 있지요. '오리를 가자고 하면 십리를 가줘라.'라는 말이 있고, '오른손이 한 일을 왼손이 모르도록 하라.'는 말이 있으며, '누가 오른뺨을 때리면 왼뺨도 대줘라.'라는 말이 있지요.

이렇게 사랑은 우리의 상상을 초월할 때 빛나는 것이고, 애틋하고 순수한 마음에서 우러나올 것입니다. 그 사랑은 맑은 밤하늘의 별빛처럼 깜빡이며 우리를 반기고 있네요. '난 사랑밖에 몰라.'라는 가사가 문득 떠오르는군요.

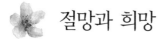

절망과 희망

〈절망을 이겨낸 의지〉

2차 대전 당시, 미국의 국방장관이었던 '뉴튼 베이커'라는 사람이 있었는데, 그는 전쟁 중 유럽의 한 야전병원을 방문했습니다. 그곳에서 참혹한 부상을 당한 미국 병사를 만났는데, 그 병사는 두 다리와 팔 하나, 그리고 한쪽 눈까지 잃어 버렸습니다.

시간이 흐른 뒤, 베이커는 그 병동에 들러 그 병사를 다시 찾았습니다. 그러나 그 병사는 보이지 않았고, 병원원장은 병사를 간호하던 간호사와 결혼해서 고국으로 돌아갔다고 말해 주었습니다. 아쉬움을 뒤로한 채 귀국한 베이커는 몇 년 후, 장관직을 그만 두고 존스홉킨스 대학교 이사장으로 취임했습니다.

그해 박사학위 수여식 때, 베이커는 깜짝 놀랄 일을 만났습니다. 처참한 부상을 당했던 그 병사가 휠체어를 끌고 박사학위를 받으러 단상으로 올라왔던 것입니다. 반가움과 놀라움으로 그는 병사의 손을 꼭 잡아주었고, 병사는 그에게 짧은 인사를 건넸습니다.

"장관님, 은퇴하셨다는 이야기를 들었습니다. 아직 보람 있는 일이 많이 있으니 기운 내시기 바랍니다."

불쌍히 여겼던 젊은이가 거꾸로 그를 위로해 준 것입니다. 어떠한 절망적 상황도 인간의 의지보다 강할 순 없는 것 같습니다. 포기하지 않는 순간, 절망은 희망으로 변화한다는 사실을 입증하는 순간이 되었지요.

한 인간의 위대함은 어떠한 최악의 상황에서도 남이 뭐라고 하던 간에 자기의 본분을 잃지 않고 자기의 뜻대로 자기 인생을 살아가는 사람이 아닐까요?

그와 같은 또 한 사람은, 양다리, 양팔이 없이 태어난 일급 장애인인 '닉 부이치'라는 사람은 훌륭한 부인을 만나 부부가 함께 세계를 돌아다니며, '희망의 전도사'로 왕성하게 활동하며, 비정상인이 아주 당당하게 정상인들을 향해 '삶의 메시지'를 전하고 있습니다. '고통+절망'은 '희망+보람'의 씨앗이라는 것과 같은 삶의 방정식을 지니고 있다는 사실을 깨닫고 살 때, 위대한 삶을 살게 되는 것 같습니다.

양팔, 양다리 없는 닙 부이치는 당당하게 말합니다.

'당신을 무겁게 짓누르는 인생의 문제는 무엇인가? 그것이 너무 커서 당신을 자기 파괴적인 행동으로 이끌 수도 있을 것이다. 그럴 때 믿음을 발휘하는 것이야말로 격랑을 뚫고 지나가는 데 큰 도움이 된다. 당신 앞에 닥친 어떤 문제보다 창조주 하느님이 더 크다는 사실에 초점을 맞추어라. 그러면 문제는 당신이 생각했던 것보다 훨씬 작은 것이 될 것이다.'라고 말입니다.

닉 부이치처럼 양다리, 양팔이 없는 상태에서 오직 창조주 하느님께 완전히 몸을 바치고 감사한 마음으로 보람되게 살아가고 있기에, 하물며 지극히 온전한 육체를 지닌 우리 모두는 감사한 마음으로 매순간을 슬기롭게 대처하면서 서로 아끼며 격려하며 용기를 주는 귀한 삶을 나누며 살아가면 좋을 것입니다.

'믿음, 소망, 사랑'은 그 어떠한 상황에서도 당신을 지켜줄 것입니다.

어느 회사 사장님께서 귀한 손님을 모시고 단골집인 전문 고깃집에 가서 말했습니다.

"아줌마, 여기 이 집에서 제일 맛있는 고기로 주세요. 오늘 아주 귀하신 분을 모셔왔으니까요."

고기가 도착하자 사장님은 얼굴을 찡그리며 종업원을 불렀습니다.

"아줌마, 고기에 기름이 왜 이리 많아요?"

이때 분위기가 순식간에 썰렁하기 시작했지만, 주인아줌마가 다가오며 던진 말이 사장님의 마음을 완전히 변화시켜버렸지요.

"아이고, 사장님. 이놈의 소가 운동을 안했나 보네요."

어이가 없는 대답에 사장님과 손님의 웃음이 터져 나왔습니다. 초대받은 손님은 한술 더 떴습니다.

"아줌마! 괜찮습니다. 우리가 먹고 운동할게요."

바로 이렇게, 본의가 아니고 실수로 인한, 상대가 누가 되든, 상황과 여건에 따라 자연스럽게 그리고 즉흥적으로 서먹서먹한 분위기를 다시 원래의 분위기로 되돌려 놓을 수 있는 기지, 위트, 조크, 유머의 능력을 부단히 키워 상호 좋은 인간관계를 만들어 가면 좋을 것입니다.

삶의 방식은 각자 다르고 차이가 있으며, 표현 방법과 받아들이는 자세도 각기 다르지만, 한 가지 공통된 좋은 방법은 상황을 부정적으로만 보지 말고 '그럴 수도 있지.' 하는 관계 속의 여지를 두고 대화를 이어가는 자세가 좋을 것입니다.

유태인들은 나치 지배 하에서 언제 죽을지 모르면서도 유머, 기지, 위트로서 모든 불안과 초조를 극복하며 모든 것을 창조주 하느님의 뜻으로 알고 하루하루 살아있음에 감사기도를 드리며 살았다는 사실이지요.

또한 누가 무엇을 부탁할 때, 무조건 'No'라고만 할 것이 아니라, 웬만하면 'Why not?'이라고 일단 해놓고, 순간 또는 나중에 가능 여부를 얘기하는 습관도 좋을 것입니다.

가능하면 모든 것을 인정하고 수용하면서 살아가는 것이 우리의 지혜로운 삶의 기본이라고 생각합니다. 인간이기에 마음에 담았던 내용을 대화로써 풀 수 있는 사람은 현명하고, 마음이 여린 사람은 한잔 술로 스트레스를 해소하고자 노력을 하지요. 어떠한 형태로든 끝까지 대화로 풀어가려는 자세야 말로 뒤끝 없이 순탄한 관계를 유지하는 데 많은 도움이 될 것입니다.

"성공(成功)은 다음 세 가지 일에 달렸다. '누가 말하는가?' '무엇을 말하는가?' '어떻게 말하는가?' 이 세 가지 중에서 누가, 어떻게 말하는가가 중요하다."라고 J. 블랙번이 말했고, "말은 평범한 사람들에게는 마음을 전달하라고 주어졌지만, 현명한 사람들에게는 마음을 숨기라고 주어졌다."라고 말했듯이, 말의 내용보다는 그때그때 상황에 따라, 주인은 손님들께서 느끼고 원하는 바에 따라, 비록 전혀 이해가 되지 않는 말을 할 경우에도 꾹 참고 '손님 제일주의'에 입각하여 '뭔가 이유가 있겠지?' 하면서 일단 받아들이고 나서 수습하는 자세야 말로 매우 중요할 것입니다.

말의 위력은 때때로 행동보다 강한 경우도 많다는 사실을 잊지 말아야 하겠습니다. '말 한 마디가 천냥 빚을 갚는다.'라는 말이 있지 않습니까? 엄숙하고 진지한 태도도 중요하지만, 그보다도 범사에 감사한 마음이 담긴 유머러스하고 자연스러운 자세가 바람직하지 않을까요?

천사(天使)란?

30여 년을 길에서 구걸하며 살아온 걸인 총각은 어린 시절 집에서 내쫓긴 선천성 뇌성마비 환자입니다. 그는 정확히 듣고 생각하기는 해도 그것을 남에게 전달하는 것은 거의 불가능하기 때문에 구걸 이외에는 어떤 다른 일을 할 수가 없었습니다.

번화가 길목에 앉아서 하루 구걸한 돈이 4~5만 원은 되지만 그의 허기진 배는 채울 길이 없었습니다. 음식점 문안으로 들어서자마자 바로 쫓겨나기 때문이지요.

구걸이 아니라 당당한 손님으로 돈을 내겠다 해도 모든 식당들은 그에게 음식을 팔지 않았습니다. 그 이유는, 온몸이 떨리고 뒤틀려 수저로 음식을 먹어도 입에 들어가는 것보다 흘리는 밥이 더 많아 주위를 지저분하게 만들어 영업에 지장을 준다는 것입니다.

이토록 문전박대를 당해 서럽고 배고픈 그는 예수의 기적을 염원하면서 성경 한 권을 다 외우기도 했습니다.

그는 30년 간 성당 주변을 떠나본 적이 없는 진실한 신앙인이기도 합니다. 그러나 그 두터운 신앙심도 육체의 허기를 채워주지는 못했습니다.

사정이 그렇다보니 장가 드는 일이란 상상조차 못할 일이었습니다. 자신을 향해 문을 꼭꼭 닫은 지상에서 결국 그가 찾아갈 곳은 창녀촌뿐이었습니다. 돈만 내면 저들처럼 문전박대를 하지 않는 곳이기 때문입니다.

어느 날, 그는 창녀촌에 가서 어울리지 않는 비싼 음식을 주문했습니다. 그리고 주문 한 가지를 더 첨가했습니다. '먹여 달라'고 말입니다.

돈이라면 독약이라도 마다하지 않는다는 한 창녀가 음식상을 차려 들고 왔습니다. 그리고 걸인에게 음식을 먹여주기 시작했습니다. 걸인은 평생 처음 받아보는 인간다운 대접에 감격하여 눈물을 줄줄 흘렸습니다.

이 세상은 얼마나 아름다운가? 그리고 나를 내쫓지 않고 맞아준 저 여인이야 말로 천사가 아닐까 생각했다고 합니다.

드디어 그는 말했습니다.

"당신이 바로 천사야."

창녀는 깜짝 놀랐습니다. 뭇 남성들의 천대와 사회의 냉대만 받아오던 내가 천사라니! 그런데 걸인은 '당신이 바로 천사'라고 말하는 게 아닌가! 한 평생 처음 듣는 이 아름다운 말에 창녀는 감격했습니다. 그 감격은 눈물이 되어 흘러내렸습니다. 눈물을 흘리며 창녀는 걸인에게 말했습니다.

"창녀를 천사라고 말하는 당신이야말로 천사입니다."

둘은 서로 고백했습니다.

"나의 천사…"

드디어 두 사람은 성당에서 결혼식을 올렸습니다. 많은 축하객들의 감동과 축복 속에서 말입니다. 그들은 지금 아담한 가게를 열어 장사를 하고 있다고 합니다.

걸인은 이제 문전박대를 당하지도 않고 게다가 매일 밥을 먹여주는 아내가 있기에, 이 세상은 에덴동산이라고 생각하고 있습니다. 창녀였던 아내도 진심으로 한 남성을 사랑할 수 있어서 매일 매일을 축복으로 살아간다고 기뻐했습니다.

그들을 이토록 새롭게 한 것은 누구일까요? 걸인을 구한 것은 사회복지정책도 아니요, 자선도 아니요, 교회도 성당도 아니었습니다. 바로 창녀였습니다. 창녀를 구한 것은 윤락방지법도 아니요, 성직자도 아니요, 상담자도 아니었습니다. 바로 걸인이었습니다.

-좋은 글 중에서

이 글을 읽은 신 후 어떤 생각이 드셨나요? 모든 기적이나 삶의 진리는 아주 평범한 곳에서 자라나 꽃을 피우고 향기를 내뿜으며, 결국 '열매'를 맺는 것이구나! 하는 생각 말입니다.

우리가 위와 같은 상황에서 필히 명심해야 할 사실은, 우리 인간은 어떠한 직업, 더럽고 혐오감을 주는 사람, 장애인, 아무 쓸모없어 보이는 사람일지라도, 여건과 상황에 따라, 특히 상대가 누구이냐에 따라 '천사(天使)'가 될 수 있다는 사실을 잊지 말아야 하겠습니다.

어렵고 힘든 사람에게 따뜻한 손을 내밀면, 그것이 천사의 손이 되고, 용기와 힘을 주면 그것이 천사의 입이 되며, 그와 함께 하는 발이 천사의 발이 된다는 사실이지요.

우리 삶에 있어서 이러한 상황을 직간접적으로 부딪치는 경우가 있거나 있을 수 있을 것입니다. 바로 그 순간순간, 여러분들이 어떻게 받아들이고 처리하느냐는 본인의 인성과 의지에 의거한 '통찰력(通察力)'에 따라 좌우될 것입니다.

"인생이란 알고 보면, 서로 돕고 살면 천국이고, 서로 미워하면 지옥인 것입니다. 서로 돕고 산다는 것이란, 바로 이런 것이 아닐까요?"

어떠한 경우든, 외면하지 마시고, 기꺼이 마주하십시오. 회피하면 할수록 그 그림자가 계속 따라다니며 뭔가 미안하고 허전한 마음으로 괴롭힐 것입니다.

자신의 고통도, 타인의 고통도 함께 할 때, 그 무게가 반으로 준다는 사실과 그것이 때때로 사랑의 꽃을 피운다는 사실, 그리고 창조주 하느님께서는 우리 인간에게 감당할 만큼 고통을 주시고 그 고통을 기쁨으로 승화시켜 주신다는 사실, 우리 모두는 아무리 미천한 존재라 하더라도 서로 아끼고 존중하며 품어줄 때 천사가 될 수 있다는 사실을 잊지 말아야 하겠습니다.

"You are just Angel."

리더의 자질

'역사의 연구'를 집필해서 순식간에 세계의 지식인으로 평가받은 '아놀드 토인비'는 역사를 연구해 보면 민족의 유형이 크게 세 가지 있다고 주장했습니다.

민족의 유형 세 가지의 첫 번째는 재난을 당하고도 대비하지 않는 민족, 두 번째는 재난을 당해야만 준비하는 민족, 세 번째는 재난을 당하지 않고 도 미리 대비하는 민족이라 했습니다. 우리 대한민국은 어디에 해당 될 것인가? 스스로 자문해 보기 바랍니다.

『징비록(懲毖錄)』은 임진왜란이 끝난 후 조선 선조 때 영의정과 전쟁 수행의 총 책임자를 지낸 유성룡(柳成龍, 1542~1607)이 집필한 임진왜란 전란사(戰亂史)로서, 1592년(선조 25)부터 1598년까지 7년에 걸친 전란의 원인, 전황 등을 기록한 책이지요.

『징비록』은 저자인 유성룡이 자리에서 물러나 낙향해서 집필한 것으로, 제목인 '징비'는 『시경(詩經)』 소비편(小毖篇)의 '예기징이 비역환(豫其懲而毖役患)', 즉 '미리 징계하여 후환을 경계한다.'는 구절에서 따온 것입니다.

『징비록』에서 유성룡은 수많은 인명을 빼앗아가고 비옥한 강토를 피폐하게 만든 참혹했던 전화를 회고하면서, 다시는 같은 전란을 겪지 않도록 지난날 있었던 조정의 여러 실책들을 반성하고 앞날을 대비하기 위해 『징비록』을 저술하게 되었다고 밝혔습니다.

온 산천이 피로 물들고, 계곡마다 하얀 시체가 산더미처럼 쌓였고, 시체 썩은 물과 피물이 계곡을 흐르고, 사람이 사람을 잡아먹는 그 참혹한 전란이 다시는 조선에서 반복해 일어나지 않도록 경계하라고 피를 토하는 심정으로 썼다고 합니다.

이렇게 목적의식을 가지고 전쟁의 최고 책임자가 집필하여 썼지만 정말 아이러니 하게도 이 책은 조선에서 편찬되지 못 하고 침략국 일본에서 편찬되었다는 것 또한 슬픈 일 중의 하나입니다. 17세기에 대마도에서 먼저 읽히고 있는 것을 발견한 것이라고 합니다.

어느 역사학자가 조선의 역사가 5000년(BC 2333)이라고 하나 그동안 조 선이 외침을 받은 횟수는 무려 '938번'이라고 합니다. 평균으로 5.3년마다 한 번씩 외침(外侵)을 받았다는 얘기인데, 조선은 왜 이렇게 외침을 많이 받았을까요? 참으로 불행한 역사를 가지고 있었던 그 이유는 무엇일까요?

토인비가 말한 첫 번째 민족 유형이기 때문이라고 생각되지 않나요? 재난을 당하고도 대비하지 않는 민족이라는 것이지요. 참혹한 임진왜란이 끝나고 또 얼마 되지 않아 조선은 또 다른 치욕의 참혹한 전란에 휩싸이게 되었고 강산이 초토화 되었는데, 그것이 바로 병자호란이지요.

『징비록』에서 그렇게 미리 준비 하고, 준비해서 또 그런 비극이 없도록 경계해야 한다고 주장했는데도 준비하고 대비하지 못한 지도자와 리더들의 무능과 무기력을 통탄하지 않을 수 없습니다. 그로부터 한참 뒤에는 아예 나라가 통째로 강물에 휘말려 떠내려갔지요. 그래서 우리는 참혹한 비극의 긴 역사를 가지고 있습니다.

그렇다면 리더들은 무엇을 해야 하는가? 왜 이렇게 당해야만 했는가를 분석하고 연구하고 다시는 이런 역사를 반복해서 당하지 않도록 대비해야 되는 것이 리더의 역할이라고 생각되지 않나요? 그것이 바로 징비(懲毖)인 것이지요.

일제강점기 비극을 보더라도 왜 강점을 당했는가? 강점한 자들도 문제가 있지만 강점당한 자들은 문제가 없었는가? 오죽이나 못났으면 맨날 당하고 울고만 있었는가?

외교 분야에서 40년을 지낸 퇴역 외교관은 국제관계는 80%가 힘(Power)이고, 20% 정도가 법(Law)이라 했습니다. 즉 어떠한 정의(正義, Justice)도 그것을 지탱해 줄 힘이 없으면 무용지물이라는 사실이지요.

그걸 몰랐을까요? 나라를 고스란히 상납한 자가 군주였고, 강탈당한 것이 아니라 항복한 사실을 왜 모르는 것일까요?

왜 항복해야 했는가? 힘이 없어서입니다. 왜 힘이 없는가? 사전에 만반의 준비를 하지 않았으니 그렇게 된 것이지요. 누구를 탓할 일이 아니지 않습니까? 지도자들뿐만 아니라 온 국민의 탓입니다. 그런데 우리는 자기는 빠지고 항상 지도자만 탓합니다.

75년이 지난 지금도 친일파니, 죽창가니, 토착왜구니 등의 어설픈 감성적 말로 국민들을 선전, 선동하고 표를 위해 편 가르기를 하고 있다는 사실이 너무 유치하고 서글픈 생각이 들지 않나요?

한편 중국공산당이 100년 전에 시작하여 지금까지 중국을 이끌어 온 것을 모방하여 자기 당(黨)이 50년 장기집권을 위해서 법을 바꾸고 자기네 사람들을 주요 요직에 심으며 자유민주주의 시스템 자체를 무너뜨리고 있는 현실을 목격하면서, 유성룡의 『징비록』이 새삼 절실하게 느껴지는군요.

그런 어리석은 짓거리를 할 것이 아니라 역사에 대해 뼈저린 반성을 하고, 무엇이 잘못된 것인지 다시는 반복해 당하지 않기 위해 징비(懲毖)를 해야 될 역할이 리더의 역할이라고 생각되는데 역사적 사실을 이해관계가 얽힌 당사자인 정치인들이 마구 자기 유리한 대로 해석하고 그것을 정치 세력화하는 데에 쓰다 보니 선량한 국민만 혼란과 고통을 받으며 모든 것이 정권이 바뀔 때마다 계속 꼬리의 꼬리를 물며 적폐청산이라는 명목 하에 논쟁과 분쟁을 일으키고 있다고 봅니다.

우리나라의 막강한 힘을 갖고 있는 단체, 즉 정부, 국회, NGO, 노동조합, 종교단체, 기업(대기업, 중견기업, 중소기업) 중에, 그나마 기업이 합리적으로 노동자와 함께 국가 대통합과 경제발전에 기여하면서 오늘의 경제대국으로 이끌어 왔다고 봅니다.

삼성전자가 일본의 소니를 넘어서는 전략을 준비하고 펼쳐서 일본 전자 업계를 그 짧은 시간에 제쳤습니다. 삼성 창업자 이병철 전 회장의 선견지명으로 전자업을 시작하고, 그것을 이건희 회장이 이루어 냈습니다. 그런 것이 진정한 리더 역할이며, 그는 '위기'의 아이콘이었습니다.

역사를 보면 이 나라 리더들은 세상과 주변 나라들의 변화를 읽지도 못하고 미리 준비도 못 한 무책임한 지도자의 모습들이 아직까지 이어오고 있습니다.

그런데 미래는 이미 와 있습니다. 단지 고르게 퍼져있지 않을 뿐입니다. 지금부터라도 미래를 징비하는 지혜로운 리더들이 나오기를 기대하면서, 온 국민이 올바르고 지혜로운 정치제도와 지도자의 개념을 설정하여 제대로 된 정치시스템을 만들어 가야 하겠습니다.

외람된 얘기이지만, 저는 2012년부터 10여 년간 도서관에서 살다시피 하면서, 한편 좌파, 우파를 왔다 갔다 하면서 어떻게 하면 국민대통합을 이루고 발전적 국가 시스템 구축하여 지속적인 성장에 기여할 수 길이 무엇일까에 대한 공부를 하면서 주위의 강력한 권유와 협업으로 사단법인 사회탐구아카데미하우스와 명예의전당재단을 금년 내로 설립하여 후세대를 위한 텃밭을 만들고자 하고 있습니다. 이 사업은 어느 누군가가 하지 않으면 안 되는 역사적 과업이기도 합니다. 대한민국 국민은 어느 누구도 빠짐없이 함께 해야 할 공동의 과업이라고 생각하거든요.

저는 곧잘 직무유기라는 말을 잘 하지요. 직무유기는 곧 창조주 하느님을 속이는 것이기도 하지요.

저는 확신합니다. 그렇게 숱하게 외침을 받았지만, 일찍이 세계적인 홍익인간 사상(弘益人間 思想)과 탁월한 지능, 강인한 기질, 모든 여건이 어느 나라도 우리민족을 지배하기에는 역부족이었다고 생각합니다.

그러기에 선진국이 250년 이상 걸린 10대 경제대국을 70년이라는 그 짧은 기간 내에 이룩한 것은 세계가 감탄하는 바이며 향후 그 어느 나라도 침범은 해도 우리민족을 다스리기는 어려울 것입니다.

우리의 찬란한 유적, 고인돌과 공룡이 제일 많았으며, 실크(Silk)의 어원은 실을 감는 실쿠리에서 유래된 것이며, 한글, 금속활자, 신문고, 거북선, 화포, 그리고 현군, 세종대왕과 명장 이순신 같은 분은 세계적으로 으뜸가는 인물일 것입니다.

우리는 어떠한 경우에도 절망하거나 포기해서는 안 될 것입니다. 우리 조상들이 이룩한 찬란한 역사와 문명을 이어 승화시켜 세계적인 문화국가를 만들어가야 할 것입니다.

재물, 성공, 사랑

어느 지혜로운 삶에 대한 우화 중에 다음과 같은 얘기가 있지요.

우아한 여인이 집 밖으로 나왔는데 그녀의 정원 앞에 앉아 있는 3명의 노인을 보았습니다. 여인이 말했습니다.

"저희 집에 들어오셔서 뭔가를 좀 드시겠어요?"

그런데 그 세 노인들은 "우리는 함께 집으로 들어가지 않습니다."라고 하였습니다.

"왜죠?"

"내 이름은 '재물'이고, 저 친구의 이름은 '성공'이고, 또 다른 친구의 이름은 '사랑'입니다. 집에 들어가셔서 남편과 상의하세요. 우리 셋 중에 누가 당신의 집에 거하기를 원하는 지를…."

부인은 집에 들어가 그들이 한 말을 남편에게 이야기했고 그녀의 남편은 너무 좋아하며 말했습니다.

"우리 '재물'을 초대합시다. 그를 안으로 들게 해 우리 집을 부로 가득 채웁시다."

부인은 동의하지 않았습니다.

"여보! 왜 '성공'을 초대하지 않으세요? '성공'을 초대합시다."

"무슨 소리야. 일단 재물이 풍부해야 성공하니 '재물'을 초대해야지."

"아니, 쓸데없는 소리 말아요. 내 말대로 '성공'을 초대해요."

조용했던 가정이 금방 싸움이 날 지경이었습니다. 며느리가 그들의 대화를 듣고 있다가 말했습니다.

"어머님, 아버님. '사랑'을 초대하는 것이 더 낫지 않을까요? 그러면 싸우지 않고 사랑으로 가득 차게 되잖아요."

"그래요. 우리 며느리의 조언을 받아들여 사랑을 우리의 손님으로 맞아들입시다."

부인이 밖으로 나가 세 노인에게 물었습니다.

"어느 분이 '사랑'이세요? 저희 집으로 드시지요."

'사랑'이 일어나 집안으로 걸어가기 시작했습니다. 그런데 놀랍게도 다른 두 사람도 일어나 그를 따르기 시작했습니다. 놀라서 부인이 '재물'과 '성공'에게 물었습니다.

"저는 단지 '사랑'만을 초대했는데요. 두 분은 왜 따라 들어오시죠?"

두 노인이 같이 대답했습니다.

"만일 당신이 재물이나 성공을 초대했다면 우리 중 다른 두 사람은 밖에 그냥 있었을 거예요. 그러나 당신은 '사랑'을 초대했고, '사랑'이 가는 곳이면 어디나 우리 '재물'과 '성공'은 그 사랑을 따르지요."

사랑이 있는 곳에는 재물과 성공이 따르지만 사랑 없는 재물과 성공은 늘 외롭고 슬플 것입니다. 재물과 성공은 우리가 젊었을 때부터 누구나 갈망하고 그에 집중하여 죽기 살기로 경쟁하며 오늘에 이르렀지요.

대부분 사람들은 몸도 사리지 않고 열심히 일하며 살아가고 있지요. 그런데 잠시 멈춰, 왜 이렇게 재물과 성공에 집착하며 일에 몰입해야 하는가를 뒤돌아보면 얘기가 썩 달라지지요.

왜냐하면, 재물과 성공에 집착할수록 그 끝이 보이지 않고, 나중에는 나이를 먹고 건강이 따라주지 않으며 주위사람들이 서서히 떠날 때 허전함과 허탈감을 갖게 된다는 것이지요.

사실 모두가 행복하기를 바라며 하루하루 즐겁고 기쁘게 사는 것인데, 거기에는 사랑이라는 공동체를 이루며 더불어 살아갈 때 느낄 수 있는 것이거든요.

돈이나 성공 같은 것은 삶의 목적가치를 이룩하기 위한 수단, 가치로서 순간적 즐거움을 누릴 수는 있어도 지속적인 행복감을 주지 못하거든요.

우리는 돈, 성공, 사랑이라는 것을 적당히 조화를 이루며 살되 사랑이라는 행복한 삶에 우선해야 할 것입니다.

'사랑이 있는 곳에 믿음이 있고 소망이 싹틀 수 있다.'는 것과 돈, 명예도 자연히 따라온다는 사실을 새삼 느끼게 하는군요. '사랑이 없다면 어떠한 진실도, 정의도, 아름다움도 무슨 의미가 있을까?' 우리 각자 깊이 생각해볼 필요가 있는 것 같습니다.

부부관계도 비즈니스다

1960년도부터 예술(藝術)과 명품(名品)과의 콜라보레이션이 이루어지면서 지금은 완전 절정에 이른 듯 왕성하게 협업이 이루어져 부가가치와 새로운 아이디어가 창출되고 있는 것 같습니다.

모든 어떠한 사람, 어떠한 것도 아무리 이질적이라고 해도 서로 융합하면 상상 이상의 획기적인 창조적 마인드와 작품이 탄생할 수 있다는 것이지요.

첫 시작은, '예술(藝術)은 비즈니스다.'라는 엉뚱한 표어로 시작되었는데 그 당시 그러한 표현 자체가 예술에 대한 모독이라고 할 정도로 반항이 심했다고 합니다. 그렇지만 60년이 지난 지금의 SNS와 맞물려 동반성장을 하고 있다고 봅니다.

가만히 생각해 보면, 정치도, 종교도, NGO, 노동조합도 마찬가지로, 무엇인가 조직이 형성되고 금전이 뒤따르면 그것이 곧 경영이요, 비즈니스라고 할 수 있을 것이며, 그러한 맥락으로 과감히 접근할 때 예술과 비즈니스의 콜라보레이션처럼 많은 아이디어와 창조적 발전을 이룩할 수 있을 것입니다.

특히 우리나라 부부관계를 보면 과거 유교사상의 영향으로 '남존여비사상(男尊女卑思想)'이 아직도 좀 남아있는데다가 서구문화의 남녀평등사상도 함께 혼재되어 있어 '우리나라의 부부상(夫婦像)은 이러한 것이다.'라고 할 수 있는 것이 없는 상태에서 아예 '부부관계는 비즈니스다.'라고 지극히 실용적인 접근을 하면 좋을 것 같다는 생각을 하게 되지요.

부부 사이는 '서로 다른 가정의 부모로부터 떠나 남녀가 서로 결합하여 하나가 된 상태'라고 할 수 있는데, 말이 하나이지 성(性)이 다르고,

자라온 과정도 다르며, 자신들의 바라는 꿈이 다른 상태에서 우선 원활한 소통 방법을 구축하여 원만한 관계를 유지하여야 하는데 이것처럼 어려운 일은 없을 것입니다.

서로 사랑하기 때문에 현재 힘들고 어렵다 하더라도 상대방도 내 마음을 다 알 것이라고 철석 같이 믿고 조금 속상하고 불편해도 참으려고 무척이나 노력하지요.

그런 가운데 서로의 역할 분담으로 바쁘다는 핑계로 제대로 서로의 마음을 주고받는 과정을 소홀히 하다 보면 오해가 생기고 섭섭한 마음이 쌓여 그만 그것이 불만이 되어 부부간에 불화를 일으켜 심한 경우 돌이킬 수 없는 관계가 되기도 하지요. 아마도 이혼의 이유 중 큰 비중을 차지할 것입니다.

정신분석학적으로 '투명성 착각(IILLUSION OF TRANCEPARENCY)'이라는 말이 있는데, '사람들이 자신의 속마음을 다른 사람들이 잘 알 것이다.'라고 착각하는 현상이라고 합니다.

비즈니스를 원활히 잘 해나가려면 소통으로 서로의 요구 사항을 정확히 파악하고 절충하여 합의해야 하는 과정을 밟게 되지요. 비즈니스 사회는 지극히 정확한 표현과 그에 합당한 이행으로 지속적인 신뢰를 바탕으로 이루어지거든요. 그래서 서로의 요구 사항을 절충을 통한 합의를 이루기 위해 상대의 말을 경청하며 수시로 대화의 시간을 갖는 것이 매우 중요할 것입니다.

우리나라의 경제발전과 선진국 시스템 구축을 위해, 대기업 특히 삼성, 현대, LG, SK 같은 회사들이 주축이 되어 정치적으로 혼란하고 국민이 분열된 모습이 나타고 있는 상태에서도 기둥의 역할을 하며 대한민국을 굳건히 지켜오고 있다는 사실을 볼 때, 모든 조직을 비즈니스적 소통과 관계 설정으로 원만하고 공평한 관계를 유지하는 것이 모든 조직에 좋을 것입니다.

종교, NGO, 노동조합, 정부부처, 국회도 삼성과 같은 대기업의 소통 비즈니스 시스템을 구축한다면 신뢰를 바탕으로 한 원활하고 효율적인 사회공동체가 이루어질 것입니다.

진리를 부르짖는 종교나, 나라를 지키겠다고 애국을 부르짖는 국회의원이나 나라의 발전을 위해 최선을 하겠다는 정부 고위공무원이나, 노동자의 권익을 보호하겠다는 노동조합이나, 사회의 부정부패로 소외된 사람과 불합리를 개선하겠다는 NGO 등은 이 사회에 막강한 힘을 갖고 과시하고 있지만, 그 어느 조직도 대기업의 효율적이고 합리적이며 신뢰를 바탕으로 한 선진적 시스템처럼 비즈니스 마인드를 갖고 조직을 운영한다면 국민으로부터 신뢰를 얻고 이 사회가 보다 건전하게 발전할 수 있도록 할 것입니다.

'삶은 비즈니스다.' '부처님과 예수님은 최고의 세일즈맨이다.' '대한민국의 공평한 시스템은 대기업이 선도적으로 이끌어가고 있다.' 이 모든 것이 저의 생각인데 여러분들의 생각은 어떠하십니까?

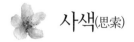 사색(思索)

'자신에 대해 긍정적인 생각을 하는 방법은 긍정적인 행동을 하는 것이다. 사람들은 생각한 대로 살지 않으면 사는 대로 생각한다.'라고 폴 발레리가 말했듯이, 분명 인간은 생각하면서 행동을 해야 올바른 판단으로 적절한 행동 자세를 취할 수 있는데 말입니다.

과학이 발달하고, 물질문화가 발달하면서, 바쁘다는 핑계 내지 그러한 과정을 거칠 시간적 여유가 없거나 그럴 필요성을 느끼지 못하다 보니, 하나의 시간 낭비로 생각하고, 아예 행동하며 생각하든가 아니면 오직 관습과 익숙한 행동으로 생각 없이 행동을 하는 것이 하나의 삶의 단면이 된 것 같습니다.

그러다 보니 경영진이나, 간부, 말단사원의 역할이 다 다르고 급이 있는데 모두 다 신입사원처럼 정신없이 바쁘게 일하며 사는 것 같습니다. '나는 생각한다. 고로 나는 존재한다.'라고 데카르트가 말했듯이 생각이 없다는 것은 곧 존재(存在)의 가치(價値)가 없거나 모르고 산다는 뜻도 되겠지요.

사고(思考)하는 것은 자신과 이야기를 나누는 것인데, 그것은 아무 말도 하지 않는 것이며, '사고는 그것이 만들어내는 것만큼의 비례로 가치로워진다.'라고 벌워 리튼이 말했듯이, 자기의 올바른 행동 양식을 제공함으로서 정확한 판단과 원만한 인간관계를 만들어 준다는 뜻이지요.

생각의 생각을 거듭하다 보면 그것은 무한한 공간을 채우며, 동시에 모든 것의 옳고 그름의 위대한 지렛대 역할을 하여 삶의 궁극적 목적의 해결책을 모색하여 주지요. 종종 구하지 않아도 마음속으로 흘러 드는 생각들은 대개 우리가 가진 것 중에 값진 것입니다.

정신학자 S. 프로이드는 일찍이, '사고(思考)는 마치 장군이 휘하 군대를 행동시키기 전에 지도 위에 작은 모형들을 움직여 보듯이, 작은 양의 에너지로 하는 실험적 행동이다.'라고 말했듯이, 사전 전략을 세우는 것과 같다고 말했습니다.

4차 산업시대가 모든 요소, 남녀노소, 직업, 직책, 직급, 특히 각 분야의 제한이나 경계가 무너지고, 시간과 공간의 개념도 자유자재로 축소, 확대가 가능하며, 마음만 먹으면 하시라도 어느 누구와도 자유스럽게 접촉, 연결, 협업, 창조 그리고 그 결과물을 공평하게 나누며 콜라보레이션을 하면서 복잡함을 단순화시키며 새로운 것을 지속적으로 창출하는 시대에 사색은 필수적인 과정입니다.

이제부터는 아무리 바쁘고 단순한 것이라고 생각되더라도 무조건 일단 멈추고 잠깐 또는 심사숙고한 후에 행동을 취하는 자세를 생활화하여야 할 것입니다. 이것이 바로 정도(正道)로 갈 수 있는 지극히 기본적이고 최선의 방법이라는 사실을 잊지 마시기를 바랍니다.

①무조건 반응하고 행동하는 사람

②생각하며 행동하는 사람

③일단 순간적으로나마 생각한 후 행동하는 사람

④심사숙고 후에 행동하는 사람

⑤그런가 하면 생각하며 머뭇거리다 아무 것도 안 하는 사람

자신은 어떠한 부류에 속하는가를 점검해 보시면 어떨까요.

화를 낸다는 것

우리 인간은 기쁘고 즐거우면, 웃고 미소 지으며 밝은 표정을 하지만, 짜증나고 참기가 힘들 정도의 고통이 따르면 화를 내게 되어있지요. 화를 계속 참고 있으면 그 자체가 속병이 되기도 하고요.

그래서 참을 수 있으면 참되, 화를 냈을 경우 그에 따른 리스크가 무척 크거나 치명적인 결과를 가져오기에 상당히 신중을 기해야 하며, 설사 자기가 옳다고 해도 화낸 후 즉각 또는 빠른 시간 내에 '용서의 손'을 먼저 내민다든가, 어떠한 방식으로든 '미안한 마음'을 표하는 것이 원만한 관계를 유지하는 데 매우 중요하거든요.

그런데, 만약 오해로 인하여 '화'를 냈을 경우, 상대가 중요한 고객이나 아버지의 친구뻘 나이 드신 분의 경우, 홧김에 내뱉은 말이 치명적인 언사일 경우, 방귀 뀐 놈이 큰 소리 친다고, 자기 자신일 경우, 자기가 잘못함을 빨리 느끼고 제 정신으로 돌아왔을 경우 등등 여러 가지 크나큰 리스크를 유발하지요.

화를 낸다는 것은 지극히 즉흥적이고 단순하게 보이지만 사실은 많은 위험부담을 안고 있지요. 그래서 '화를 낸다는 것' 자체가 결국 자기 자신이 풀어야 할 숙제를 내주는 것과 같지요.

알고 보면, 우리 모두는 시도 때도 없이 직간접으로 실수나 잘못을 하는 경우가 많습니다. 경우에 따라서는 서로의 잘못이나 오해로 생길 수 있기에 가급적 화를 내지 않는 것이 상책이라는 것이지요.

어떤 사람에게 화를 낸다는 것은 자신만은 완벽한 사람, 일명 신(神)이라고 부르짖는 격이며, 우리 인간은 본래 화를 낼 권리도 없거니와, 화를 낸다는 것은 곧 이성(理性)을 떠난다는 뜻으로, 어떤 중요하고 피치 못할 사정으로 화를 낸다면 상황의 중요성을 나타낼 수 있겠지만, 이는 결코 올바른 길이 아니며, 결과적으로 인품의 손상만 안길 것입니다. 영어로 '화를 내지 말라'를, 'Don't be Mad!'라고 하는군요. 화를 낸다는 것은 미친 짓이라는 뜻도 되겠네요.

그렇지만 친한 친구, 동료, 가족을 위해서, 비상약처럼 목숨을 걸고 화를 내어 올바른 길로 유도할 수도 있기에 무조건 화를 내는 것을 나쁘다고만 할 수는 없겠지요.

그러나 어떠한 경우든, 화를 냈으면, 화를 낸 사람이 먼저 손을 내밀어 미안함을 표시하거나, 용서를 주고받을 때, 그 자체가 '언제 그런 일이 있었던가'라는 식의 본래의 자리로 돌아와 계속 좋은 관계를 맺는, 곧 정의로운 사회적 관계를 만들어가야 할 것입니다.

혹시 오늘 화를 낸 경우가 있으시면, 당장 주저마시고 화해의 손길을 내밀어 서로 원래의 자리에서보다 돈독한 관계를 만드시면 어떨까요?

특히 회사에서 회의 때, 모인 임직원들에게 꾸중을 냈거나 화를 냈다면, 이것 또한 빠른 시일 내에 자신의 화를 냈음을 진지하고 세련되게 직접 사과를 하든가 개별적으로 전화를 하여 자신의 미안함을 전하는 것이 지속적인 인간관계를 위해서 좋을 것입니다.

화를 낸다는 것은 아주 부득이한 경우, 즉 돌발적이고 응급처치를 할 수밖에 없는 비상약을 사용한다고 생각하시고 오직 상대에 대한 지극한 연민의 정이 없으면 가능한 꾸짖거나, 욕을 하며 화를 내는 것은 삼가 하는 것이 좋을 것입니다.

가벼운 상처

우리는 살아가면서 예기치 않게, 또는 뻔한 상황에서 누군가가 길을 걷다 툭 밀치고 아무 사과나 미안함의 표정도 없이 사라질 때, 허전함과 불쾌감을 갖게 하지만 그래도 우리를 반겨주는 가족이 있지 않나요?

잘 알지도 모르는 직장 동료가 자기를 모함하고 비난할 때, 그래도 자기를 속속들이 잘 알고 이해해주는 친한 동료도 있다는 사실이지요.

우리는 살아가면서 치열한 경쟁과 수많은 경쟁자로부터 시기와 압박을 받지마는 어떠한 평가도 없이 묵묵히 지켜 주는 이웃이 있다는 사실, 당신을 잘 알고 있는 아주 중요한 사람들이 주는 사랑과 당신을 잘 알지도 못하고 중요하지도 않은 사람들이 주는 상처는 결코 같지는 않다는 것이지요.

우리는 위와 같은 별로 중요하지 않은 사소한 것으로 상처를 받는 것을 멈추고, 자신의 주위에는 자신을 아끼고 사랑해 주는 사람들이 있다는 사실에 초점을 두시고 살아감이 좋을 것 같습니다. 상처는 바람결에 날려버리고, 중요한 사람들의 따뜻함은 가슴에 품으며 살아가야 하겠습니다.

'용감한 사람은 자기를 해치는 자(者)치고 자기보다 우월한 자는 없다고 생각한다. 그는 상해(傷害)를 용서함으로써 자신을 가해자보다 우월한 지위에 올려놓을 수 있는 힘을 가지게 된다고 보기 때문이다.'라고 A. 포우는 말했고, '우리를 속이고, 우리에게 해(害)끼치는 것은, 또한, 우리를 깨우쳐 줌으로써 우리에게 이로운 일도 한다.'라고 J. 투가 말했듯이, 용서하는 자세와 긍정적인 면에 마음을 두는 것이 '지혜로운 삶'이 아닐까 봅니다.

우리를 속이고, 우리세계에 상처를 주는 것은, 한편 우리를 깨우쳐 줌으로써 우리에게 이로운 일도 하지요. 즉 진정하고 강력한 선(善)을 갖기 위해서는 시기나 모함, 비난과 같은 악(惡)을 경험하지 않고는 얻을 수 없다는 것이지요.

일반적으로 큰 상처보다는 잡다하고 가벼운 것으로 인해 분노와 상처를 받는 경유가 많은 것 같습니다. 이러한 경우, 상대의 입장에 서서 '그럴 수도 있겠구나!'나 하면서 한 템포 늦추고 대하다 보면 측은지심도 생기면서 마음이 가라앉으며 아무 일이 아닌 것처럼 대할 수 있지요.

이번 기회에 그동안 경험이나 독서로 얻은 것을 한 번쯤 생각하고 기록하는 습관을 가져보시면 어떨까요? 대부분의 상처나 분노의 원인과 결과를 확연히 파악이 되어 의연하고 합리적인 태도를 갖게 될 것입니다. 많이 관대하고 용서하는 사람이 동시에 많이 용서받을 것이며, '용서하면서 잊을 수는 없다.'라고 한다면 용서할 수 없다는 뜻이 되겠지요. 우리는 용서했으면 무조건 잊고 원래의 관계로 복원해 좋은 관계를 이어나가야 할 것입니다.

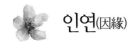 인연(因緣)

　아무렇게나 굴러다니는 구슬이라도 가슴으로 품으면 보석이 될 것이고, 흔하디흔한 물 한 잔도 마음으로 마시면 보약이 될 것입니다. 풀잎 같은 인연에도 잡초라고 여기는 사람은 미련 없이 뽑을 것이고, 꽃이라고 여기는 사람은 알뜰하게 가꿀 것입니다.

　당신과 나의 만남이 꽃잎이 햇살에 웃는 것처럼 나뭇잎이 바람에 춤추듯이, 일상의 잔잔한 기쁨으로 서로에게 행복의 이유가 될 수만 있다면, 당신과의 인연이 설령 영원을 약속하지는 못할지라도, 먼 훗날 기억되는 그 순간까지 변함없이 진실한 모습으로 한 떨기 꽃처럼 아름다웠으면 좋겠습니다.

　사실 행복이란 살아있음에, 아름다운 자연과 함께 함에, 주위 사람들과 함께 놀고 일하고 즐기며 어떠한 슬픔이나 고통도 기꺼이 함께 하며 나눌 때 느낄 수 있는 것이 지극히 기본적인 행복이거든요. 그런 가운데 자신의 꿈을 품고 그 목표를 이룩하기 위하여 순간순간 최선을 다하는 과정을 즐기는 것이 또한 일상의 행복이라는 사실이지요.

　이렇게 모든 사람 그리고 자연과의 만남의 인연을 어떻게 조화롭고 균형 있게 잘 꾸려나갈 것이냐가 삶의 질과 보람된 삶의 핵심 요소가 되겠지요. 우리는 그저 감사한 마음으로 그 인연을 기꺼이 받아들여 함께 보람된 삶을 살아갈 수 있도록 사랑의 텃밭을 만들어가야 하겠습니다.

　어느 분께서 인연의 십계명에 대해서 말씀하셨는데, 그 내용에 의하면,

　①자주 전화, 카톡, 인터넷 등으로 소식 내지 메시지를 전하는 사람을 만나면 그는 당신에게 관심을 갖고 배려하는 사람이다.

　②내일을 이야기하는 사람을 만나라. 그 사람은 반드시 성공한다.

③내 얘기를 잘 들어주는 사람을 만나라. 그는 나를 치유해주는 사람이다.

④일관되고 확신에 찬 얘기를 하는 사람을 만나라. 그는 확고한 인생관으로 흔들리지 않는 사람이다.

⑤살아있음에 감사하는 사람을 만나라. 그는 겸손한 마음으로 주위를 아끼고 따뜻하게 하는 사람이다.

⑥아무리 사소한 일도 소중히 여기는 사람을 만나라. 그 사람과 함께하면 작은 행복이 자주 일어난다.

⑦생각만 해도 단단한 사람이라고 느껴지는 사람을 만나라. 그는 결코 시대를 이끌어 갈 사람이다.

⑧독서와 사색을 즐기는 사람을 만나라. 그로부터 배울 것이 많은 사람이다.

⑨언제나 밝게 웃는 사람을 만나라. 그는 멀리 있는 복도 가져다 줄 사람이다.

⑩부지런히 일하는 사람을 만나라. 그는 당신의 삶을 풍요롭게 만든다.

이번 기회에 인연과 운명에 대한 정확한 의미를 사전적 의미로 말씀드린다면, 운명(運命)은 전세의 약속과 같은 인력으로 피할 수 없는 초자연적 숙명으로서 영어로, DESTINY, FATE, DOOM으로 죽음, 파멸, 비참함의 의미를 내포하기도 하고, FORTUNE, LUCK, LOT으로 선과 악, 일반적 보통의 행운 또는 복권 당첨과 같은 우연의 운명으로 구분되며, 인연(因然)은 KARMA, FATE, FATALITY, DESTINY 같은 숙명, 운명의 의미와 RELATION과 같은 관계, 연분의 뜻 그리고 HISTORY와 같은 유래의 뜻이 있다고 합니다.

비교해서 말씀드린다면, 근본적 의미는 같은데 운명은 타고난 것이라면, 인연은 스스로 좋은 관계를 만들어가는 것이 아닌가 봅니다. 주어진 운명을 좋은 인연으로 승화시켜 나가면 좋겠습니다.

 휴식(休息)

　'현대 세계에서 의미 있는 휴식이란 바쁜 삶을 버리는 데서 오는 것이 아니라 분주한 일정을 조정하고 일과 휴식과 놀이 사이에서 더 나은 균형을 찾는 것이라는 점 또한 이 이름의 의미다.'라는 말은 클라우디아 해먼드의 『잘 쉬는 기술』 중에 나오는 말입니다.

　보통 휴식이라고 하면 바쁜 일을 내려놓고 아무것도 하지 않은 것이라고 생각하기 쉽습니다. 하지만 진정한 휴식은 일과 놀이와 휴식에서 최고의 효율적 방법을 찾는 것입니다.

　일은 없고 휴식만 있는 세계에서도 살 수 없습니다. 열심히 지치도록 일을 하면서 적절한 타이밍에 휴식과 놀이를 적절히 배치해 균형을 잡아주는 것이 제대로 쉬는 것입니다.

　'휴식과 성공은 친구다.'라고 W.G. 버넘이 얘기했듯이 모든 위대한 성공은 중간 중간 과정을 빠짐없이 밟아 마지막까지 최선을 다하다 보면 자연스럽게 달성하는 것인데, 거기에는 잠깐 멈추어 자신이 가는 길이 제대로 가고 있는지와 체력의 소모를 충전하기 위해서 휴식이 꼭 필요하다는 것이지요. 즉 육체적, 정신적 휴식이 필요하다는 것입니다.

　'창조주의 법을 가장 난폭하게 경멸하는 자도 제 정신이 들면 멈출 줄 안다.'라고 W. 쿠퍼가 말했듯이, 또한 한자(漢字)로 바를 정(正) 자도 一(하나)와 止(멈추다)가 합친 문자로서 올바른 길을 가기 위해서는 일단 멈춰 되돌아보고 재충전하여 제 갈 길을 갈 수 있다는 의미이지요.

　우리나라 사람들은 세계 어느 국민보다도 탁월한 국민으로서 대한민국 탄생 이후 6·25전쟁을 겪으면서 황폐화된 경제를 선진국이 250년 이상 걸린 과정을 단 70년 만에 세계 10대 경제대국으로 우뚝 서기까지 오직 '잘 살아 보세.' 하며 물질적 면에만 치중하다 보니 정서적, 문화적 그리고 인간다운 보람된 삶이 결여된 상태에서 진정한 삶의 균형과 행복감이 상대적으로 박탈감이 강한 것 같습니다.

우리 온 국민은 삶의 수단가치(돈, 권력, 명예)에만 매달리지 마시고 정서적, 영적 가치, 즉 삶의 보람, 기쁨, 아름다움의 추구와 같은 삶의 목적가치와 조화를 이루어 남과 함께 하는 균형 된 삶을 살아가도록 하여야 하겠습니다.

'만일 사람이 항상 심각하기만을 고집하고 자신에게 재미나 휴식을 허용하지 않는다면 그는 알지도 못하는 사이에 미치거나 불안해질 것이다.'라고 헤로토투는 전집(全集)에서 말했으며, '내가 만약 의사라면, 자기의 일이 중요하다고 여기는 어떤 환자에게나, 휴일(休日)이라는 처방을 내릴 것이다.'라고 B. 러셀은 말했고, '잠자는 것은 일어나기 위함이요, 휴식 하는것은 일하기 위함이다.'라고 토쿠토미 소호오가 얘기했듯이, 휴식(休息)은 신성(神聖)한 일과 동반자라는 것을 깨닫게 해주는 것 같습니다.

휴식은 일면 생각하고 나서 행동을 하든가 생각하면서 행동하든가, 여하튼 'Thinking man'이 되라는 의미도 내포하고 있는 것 같습니다.

과거, 현재와 미래

'현재(現在)가 너무 빨리 변하기 때문에 우리들은 현재를 살고 있는 그 순간에는 우리 인생(人生)을 깨닫지 못한다.'라고 G. 무어라고 말했듯이 정말 시간은 화살처럼 빨리 지나기기에 현재에 머뭇거릴 시간이 없다는 것이지요.

'태양이 있을 때 건초를 만들어라.'라고 세르반테스가 말했듯이, 지금 현재에 충실함으로써 내가 나의 미래를 만들어 갈 수 있다는 것이지요.

'슬기로운 자는 미래(未來)를 현재(現在)인 양 대비한다.'라고 P. 시무루스는 말했고, '미래의 행복을 확보하는 최선의 방법은 오늘 정당하게 가능할 수 있는 만큼 행복한 것이다.'라고 C.W. 엘리엇이 말했으며, '미래를 향해 사는 사람들은, 현재를 향해 사는 사람들에게 자기본위적(自己本位的)으로 보인다.'라고 에머슨이 말했듯이 모든 미래는 지금 현재에 최선을 다하는 사람들의 몫이라는 사실이지요.

또한 현재는 과거의 결과이며, 지극히 당연한 결과물로서, '지각 있는 사람은 과거 사건으로 현재를 판단한다.'라고 소포클레스가 말했고, '현재는 과거 전체의 생생한 총합계(總合計)이다.'라고 했듯이 오늘을 경멸한다는 것은 곧 어제를 잘못 이해했거나 많은 문제점이 있었다는 것을 증빙하는 꼴이지요.

미래는 하나가 아니고 여러 개입니다. 미래를 불안하게 생각하면 미래는 하나밖에 존재하지 않습니다. 내 노력과 준비에 따라 미래는 얼마든지 여러 개를 만들 수 있습니다. 그 중에 하나를 선택하면 됩니다. 그래서 미래학은 예언이 아니라 선택의 미학이라고 합니다. 현재를 준비하는 것이 곧 미래를 준비하는 일이지요.

'미래는 운명의 손이 아니라, 우리의 손에 달려 있다는 것을, 또한 명심하시고, 그것이 진리(眞理)임을 확신하라.'라고 J. 쥐스랑은 말하고 있습니다.

과거라는 역사를 비추어보면서 좋은 점은 살리고 문제점은 참고하면 될 것이고, 오직 현재에 충실하고 즐기면서 내일을 준비하는 자세를 만들어가야 할 것입니다. 즉 과거는 참조 사항이고, 현재를 구체적이고 실질적으로 접근하되 미래에 초점을 두고 논리적 스토리텔링하시기를 바라는 바입니다.

그러기 위해서는 그동안 소홀히 했던 언어(言語)의 다양성과 정확한 의미를 습득하여 '질의응답', 즉 일방적 강의나 강연 형식이 아니라 서로 주고받는 형식의 원활한 소통을 할 수 있도록 최선을 다해야 할 것입니다. 과거, 현재, 미래를 아우른 'LOGIC STORYTELLING' 시대를 잘 대처하시기를 바랍니다.

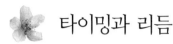 # 타이밍과 리듬

우리는 살아가면서, 모든 좋은 관계, 결과에는 타이밍이 있고, 리듬이 있다는 것을 깨닫게 되지요. 아무래도 리듬을 타게 되면 모든 것이 가볍고 힘들지 않으며 보기에도 좋고 절로 흥이 납니다.

반복의 경우, 처음에는 지루하고 힘겹지만 어느 경지에 도달하면 국내는 물론 세계적 선수 또는 전문가가 될 수도 있다는 사실이지요. 비록 전문가가 아닌 평범한 삶일 지라도 반복적인 연습 내지 습관으로 자기만의 리듬을 타게 되면 일의 효율면에서나 건강상 많은 도움이 되거든요.

한편 타이밍이라는 것이 있습니다. 제때에, 그 환경, 입장에 맞추어, 바로바로, 늦지 않게 또는 천천히 속도를 조절하여 단절되지 않도록 하는 것이지요. 물이 흐르듯 속도를 잘 조절해야 한다는 것입니다.

예를 들면, 뜻하지 않게 언성을 높이며 싸웠다든가, 뭔가 본의 아니게 실수를 했다든가, 오해를 하여 상대를 의심하고 무례하게 대한 경우, 지체 없이 바로 사과를 한다든지, 절친한 사이, 좋은 관계를 맺고 있는 사이의 경우, 안부를 적당한 시기에, 늦지 않게 전한다든지, 좋은 일이 있으면 축하는 빠르게 전한다든지, 신세를 지었으면 적당한 시기에, 또는 늦게라도 꼭 갚는다든지, 혹시 상대에 대해 의문을 가지고 오해를 낳을 수 있는 경우, 템포를 늦추어 긍정적으로 접근하여 이해하는 방향으로 튼다든지, 진정 사랑하는 사람이 있다면, 그 사랑을 죽어서도 가져가겠다는 마음을 가져보시지요. 그것이 바로 영원한 사랑이 되겠지요.

이렇게 속도를 조절하고, 반복하면서 모든 삶의 리듬을 자기 생각과 몸에 맞추어 가볍고 상쾌하게 즐겁고 기쁜 마음으로 하루하루를 잘 보내시기를 바랍니다.

그렇게 하다 보면, 아마도 언젠가 자기도 모르게 모든 일의 효율, 특히 시간 활용에 있어 쫓기지 않고 여유롭게 남보다 서너 배의 능률을 갖게 될 것입니다.

다시 말씀드린다면, 남이 보기에 별로 바쁘지 않은 것 같이 보이고 항상 긍정적이고 여유로워 보이는데 알고 보면 엄청난 일을 하고 있는 사람이지요. 이러한 사람들은 아무리 바쁘게 보여도 항상 여유가 있지요. 일반적으로 바쁘게 보이던가 바쁜 척하는 사람치고 제대로 된 사람은 없는 것 같습니다. 그 여유 자체가 성공한 삶이라고 말하고 싶습니다. 당신의 리듬과 타이밍은 어떠하신지요?

톨스토이의 나그네 인생

　인생이란 사람이 '태어나서 죽을 때까지의 삶'을 말하는데, 내세(來世)를 믿는 교계(敎界)에서는 '인생은 잠시 살다 가는 나그네'라고 말하고 있습니다.

　나이가 들수록 인생의 종점이 가까워진 노년기 사람들은, '나는 누구인가?' '나는 어디서 왔다가 어디로 가는가?' '앞으로 어떻게 변(變)할 것인가?' 이에 대한 의문을 갖게 된다고 합니다.

　사실은 성년(成年)이 되서부터 서서히 생각을 거듭하며 자신의 꿈과 연계하며 스스로 자문자답하는 과정을 거쳤다면 보다 지혜롭게 살 수 있었을 것입니다. 말이 그렇다는 것이지 젊었을 때에는 앞만 보면서 그저 달리가 바빠서 그럴 여유가 없었지요.

　톨스토이의 『참회록(懺悔錄)』에는 아주 유명한 다음과 같은 우화(寓話)가 있습니다.

　어떤 나그네가 광야(廣野)를 지나다가 사자가 덤벼들기에, 이것을 피하려고 물 없는 우물 속으로 들어갔다고 합니다. 그런데 우물 속에는 큰 뱀이 큰 입을 벌리고 기다리고 있었습니다. 우물 밑바닥에 내려갈 수도 없고, 우물 밖으로 나올 수도 없는 나그네는 우물 안의 돌 틈에서 자라난 조그만 관목(灌木) 가지에 매달려섭니다.

　우물 안팎에는 자기를 기다리는 적(敵)이 있으니 얼마 지나지 않아 자기의 생명을 잃어버리게 되리라는 것을 잘 알고 있었지요. 이것을 생각하면서, 그냥 나뭇가지에 매달려 나무를 쳐다보니, 검은 쥐와 흰쥐 두 마리가 나뭇가지를 쏠고 있었습니다. 그러니 두 손은 놓지 않는다 하더라도 결국은 나뭇가지가 부려져 나그네는 우물 밑에 있는 큰 뱀의 밥이 될 것입니다.

그러나 주위를 돌아보고 그 나뭇잎 끝에 흐르고 있는 몇 방울의 꿀을 발견하자, 이것을 혀로 핥아 먹습니다. 인간이 산다는 것이 꼭 이 모양이라고 비유했습니다. 여기에서 '나그네 인생'이 산다는 것은 참으로 기막힌 운명에 처한 것입니다.

여기 검은 쥐 흰쥐는 무엇인가? 그것은 우리가 사는 밤과 낮인 시간을 의미한다고 합니다. 그러니까 인생이란 한 70~80년 밤과 낮, 검은 쥐 흰쥐가 드나들 듯 시간이 다 지나가 버리면 마침내 매달렸던 가지는 부러지고 인생은 끝이 난다는 것입니다. 이 기막힌 사연이 우리 인생의 현주소입니다.

톨스토이는 우리 인생을 향해 이렇게 도전하고 있습니다. 지금 아주 맛있는 꿀을 드시고 계십니까? 그 꿀은 젊은 날의 향기와 인생의 성공으로 인한 '부(富)'와 '권력(權力)' 혹은 '행복한 가정'일 수도 있습니다. 넓은 평수의 아파트, 번쩍이는 새 차일 수도 있습니다. 하지만, 이제 검은 쥐 흰쥐 그리고 고개를 쳐든 독사(毒蛇)를 기억해야 한다고 말하고 있습니다.

우리가 산다는 것은 과거와 현재, 미래의 연장선에서 살고 있으며, 과거는 돌아갈 수 없고, 미래는 아직 오지 않았으나, 나의 미래는 먼저 간 사람을 보면 인생의 죽음이 있다는 것이 분명한 미래의 사실이지요.

그렇다면 현재의 시점에서 나는 미래를 위해 무엇을 해야 할 것인가를 생각하고 계획을 세워야 합니다. 현재의 시점에서 삶을 연장하려고 노력하는 것은 나뭇잎의 꿀을 핥고 있는 나그네와 무엇이 다르겠습니까?

나그네가 우물 밖으로 나갈 수 없음은 과거로 돌아갈 수 없음이고, 검은 쥐와 흰쥐 때문에 우물 밑으로 떨어지는 것은 피할 수 없는 미래의 전개(展開)될 현실입니다.

다만, 죽음이 기다리고 있을 뿐입니다. 이것이 인생이라는 사실입니다. 인생은 태어날 때 두 주먹을 쥐고 울며 태어나지만, 주변 사람들은 웃으며 축하하고 손뼉을 치지요.

그러나 인생의 종말(終末)인 죽음에서는 두 손을 펴고 빈손으로 웃고 가지만, 주변 사람들은 슬퍼하며 애도(哀悼)하지요. 태어날 때는 울고 태어났지만 죽을 때는 웃으면서 간다는 말입니다.

시작이 있으면 끝이 있는 것처럼 인생도 시작과 끝이 있는데 출생(出生)이고 죽음입니다. 불확실한 미래에 살고 있는 '나그네 인생'은 검은 쥐와 흰쥐가 쏠고 있는 나무가 언젠가는 부러지면 종말인 죽음이 있음을 알면서도 현실의 만족을 위해 살고 있는 것입니다.

모든 종교의 공통점은 나그네 인생은 죽으면 흙으로부터 온 육신은 다시 흙으로 가고 하늘로부터 온 영혼(靈魂)은 다시 본향(本鄕)인 천국으로 간다고 믿으며, 내세(來世)는 천당(天堂)과 지옥(地獄)이 있는데, 인생 나그네는 선(善)을 행하며 산 인생은 천당으로 가고, 죄를 범하고 산 인생은 지옥으로 간다고 믿는 것 같습니다.

따라서 잠시 살다가는 나그네 인생은 영원한 내세의 준비를 위해 권선징악(勸善懲惡)을 실천하도록 하고 있다고 봐야 하겠지요. 인생은 태어날 때 가진 자가 되기 위해 태어났고, 초년(初年)의 삶은 가진 자가 되려는 준비단계로 공부하는 단계며, 중년(中年)은 '직업을 가지고 가진 자가 되려고 일하는' 단계며, 말년(末年)인 노년(老年)은 '가진 것을 베풀면서 인생을 정리'하는 단계라는 것이지요.

노년의 나그네 인생은 '가진 것을 보람 있게 베푸는 삶'으로 살았으면 합니다. 가진 것은 유한(有限)하여 다 쓰고 나면 바닥이 나지만 각자의 '꿈'은 무한하여 비록 오늘 이 세상을 떠난다 하더라도 내일을 위해 '꿈나무'를 심어 놓으면 언젠가 '베풂의 열매나무'가 될 것입니다.

톨스토이의 글을 전하면서, 말씀드리고 싶은 것은, 남들이 보기에는 허황된 꿈으로 보일 수 있는 그러한 일을, 저는 덤으로 사는 인생, 사는 날까지 그동안 살아온 것에 대한 감사한 마음과 못 다한 꿈을 이루기 위해 근 10년을 준비한 우리나라의 국민대통합에 의거 국가의 지속발전 시스템과 지도자의 평생학습을 위한 '세상탐구 아카데미 하우스'라는 사단법인과 '명예의 전당'이라는 재단법인을 금년 내로 설립하고자 뜻을 같이 하는 동지들과 박차를 가하고 있지요.

　바로 꿈나무를 심는 것이 곧 나그네 인생의 마지막 작별인사라는 사실을 잊지 않고 있습니다. 이 모든 것을 여러분들의 축복과 성원으로 기쁨을 나누었으면 합니다.

보이지 않는 사랑

'빙산의 일각'이란 말처럼 보이는 것은 한 조각에 불과하지만, 보이지 않는 세계가 훨씬 더 크고 넓습니다. 사람의 아름다움도, 외면보다 내면이 더 깊고, 사랑도 보이는 사랑보다, 보이지 않는 사랑이 더 크고 깊다고 합니다. 그것을 잇는 다리가 바로 생각과 행동이 일치하는 언어(言語), 말이라는 것이지요.

우리는 자기만의 생각과 마음을 일반 보편적인 말로 상대를 존중하며 상대에게 편안함과 신뢰가 가는 말을 하는 습관을 가져야 할 것입니다. 그렇게 하다 보면 상대는 감사한 마음으로 대할 것이며 그 감사한 마음은 곧 서로 진실 되고 정직한 마음의 통로를 만들어주며 하나의 신뢰의 꽃길이 될 것입니다.

어떠한 진실도, 어떠한 정의도, 어떠한 아름다움도 사랑이 없다면 그무슨 의미가 있겠습니까? 우리 모든 인간은 창조주 하느님의 사랑을 자기 몸에 품고 '자기만의 사랑의 싹'을 키워 어느 누구와도 주고받을 수있는 자유를 주셨지요.

내면 깊숙이 존재하는 크나 큰 사랑은 이 생명을 다하여 바칠 수밖에 없는 진실 되고 절실한 순간에 모든 것을 바칠 수 있도록 준비를 하여 영광된 순간을 맞이하여야 할 것입니다.

그것이 바로 '고귀(高貴)하고 위대(偉大)한 불멸(不滅)의 사랑'이 되겠지요. 사람으로 태어나서 그러한 기회가 주어진다면 아마도 그것은 '선택된 영광(榮光)'이 될 것입니다.

많은 예술가들이 그토록 바라고 표현하고져 하는 '극치(極致)의 사랑'을 한 번쯤은 마음에 품어 보심이 어떨까요?

'죽음보다 강한 것은 이성(理性)이 아니라 사랑이다'라고 T. 만은 말했고, '사랑은 자신을 존재케 하는 힘이다. 그것은 그 자체의 가치(價値)이다'라고 T. 와일러는 말했으며, '사랑은, 죽음과 마찬가지로, 모든 인간을 평등(平等)하게 한다'라고 콘그리브는 말했고, '사랑은 인생의 앞쪽이요, 죽음의 뒤쪽으로서 창조(創造)의 으뜸이며 이 땅의 설명자(設明者)다'라고 E. 디킨즈가 말했듯이 사랑과 죽음은 불가분(不可分)의 관계인 것 같습니다.

'죽음을 초월하는 사랑!' 비록 평범한 삶을 살고 있다 하더라도 우리는 가끔 '극치의 사랑', 즉 삶과 죽음을 오가며 서로 동반자로서의 길을 갈 수 있는 사랑에 대하여 깊이 생각하며 자신의 입장을 돌이켜 봄도 좋을 것 같습니다.

진정하고 절실하며 고귀한 사랑은 결코 특별한 곳에 있는 것이 아니라 지극히 밑바닥, 어둠 속을 뚫고 솟아나는 새싹처럼 아주 사소하고 평범한 곳에서부터 시작된다는 사실을 잊지 마셔야 할 것입니다.

보이지 않는 사랑을 키우고 지켜나가기 위해서는 평소에, 특히 부부지간에 어떠한 상황에 처했을 때, 상대를 무시하거나 폄하하는 말은 가능한 삼가시기 바랍니다.

부부의 근본적인 바람, 욕구는 상호 인정, 존중, 지지, 신뢰라는 점을 감안할 때, 불필요한 감정 표현으로 신뢰 관계를 무너뜨리는 일은 삼가는 것이 현명한 행동이라고 생각되는군요. 오늘도 보이지 않는 사랑을 잘 가꾸어나가시기를 바랍니다. 'LOVE IS SPLENDER THINGS'

노블레스 오블리주(noblesse oblige)

　제2차 세계대전 때 루스벨트 대통령의 큰 아들 제임스 루스벨트는 안경이 없으면 일상생활이 불가능한 고도 근시에 위궤양으로 위를 절반이나 잘랐으며, 심한 평발이라서 군화를 신을 수조차 없는 사람이었지만 해병대에 자원입대하여 운동화를 신고 다니면서까지 고된 훈련으로 정평이 나있던 해병대 제2기습대대에서 복무했습니다.

　제2기습대대가 마킨제도의 일본군 기지를 기습하는 매우 위험한 작전을 앞두고 대대장 칼슨 중령은 루스벨트 소령을 불러 '만약 현직 대통령의 아들인 귀관이 일본군의 포로가 되거나 전사하거나 하면 일본군은 이를 대대적으로 선전하며 전쟁에 이용할 것이므로 작전에서 제외하겠다.' 통보하였지요.

　루스벨트 소령이 이에 강력하게 반발하자, 난처해진 칼슨 대대장은 태평양함대 사령관인 니미츠 제독에게 소령을 만류해줄 것을 요청하고, 대대장과 생각이 같았던 니미츠 제독은 소령을 불러 훈련에는 참가할 수 있지만 작전에는 동행시킬 수 없는 이유를 간곡하게 설명하였건만, 그것에 굴하지 않고, 이번에는 소령이 아버지의 '빽'을 동원했습니다.

　대통령 루스벨트는 해군참모총장 킹 제독에게 '내 아들은 제2기습대대의 장교다. 내 아들이 위험한 특공작전에 가지 않는다면 누가 그 작전에 가겠는가?'라며 아들 루스벨트 소령을 반드시 마킨 제도 특공작전에 참가시킬 것을 지시한다고 하였지요. 그것이 루스벨트 소령이 제2차 세계대전 기간 중 대통령 아버지 혜택을 본 유일한 경우였습니다.

　소령은 소신대로 작전에 참가하여 혁혁한 전공을 세우고 돌아왔습니다. 루스벨트 대통령의 네 아들은 모두 이런 식으로 2차 대전에 참전했습니다.

미국의 입장에서 보면 자신들과는 크게 상관이 없었을 한국전쟁에서 그들 스스로도 잘못된 전쟁이라고 투덜대면서도 모두 139명의 미군 장성들의 자제들이 한국전쟁에 참전하여 그중 35명이 전사하거나 부상을 당했습니다.

그들 대부분이 평범한 집 자제들과 똑같이 최전선에서 싸웠으며 특별대우를 받는 경우는 없었다고 합니다. 그들 중에는 52년 대통령에 당선된 아이젠하워 육군 원수의 아들인 아이젠하워 소령과 제3대 유엔군 총사령관이었던 마크 클라크 대장의 아들도 포함되어 있습니다.

특히 주목할 사람은 바로 한국군 전투력 육성에 지대한 공헌을 세운 제임스 밴 플리트 8군 사령관입니다. 밴 플리트 대장의 외아들인 밴 플리트 2세는 야간 폭격기 조종사로 작전 수행 중 행방불명되었고 공군은 장군의 아들을 찾기 위해서 필사의 노력을 다했지만 끝내 시신조차 확인하지 못한 채 실종 파일럿의 정규 수색시간이 끝나가고 있었습니다.

이때 장군으로부터 전화가 걸려왔습니다. 외아들의 실종 소식을 듣고도 담담했던 장군은 이제 정규 수색시간은 끝났으니 더 이상의 특별한 수색이나 구조 활동은 하지 말아달라고 부탁합니다.

모든 병사들이 최전선에서 죽음과 싸우고 있는 이 상황에서 내 아들이라고 해서 특별한 대우를 해줘야 할 필요는 없다는 것이 밴 플리트 대장의 전화 용건이었습니다.

외아들을 한국전선에서 잃었음에도 불구하고 장군의 한국사랑은 지극했습니다. 전술 훈련과 체계적인 장교 훈련 프로그램이 미비했던 때문에 한국군이 전선에서 자주 패배를 당하는 이유를 간파하고 이후 장교들의 미군 참모학교 유학과 훈련 프로그램을 만들어 주었고 한국육군사관학교의 발전에도 많은 도움을 주었습니다. 그래서 육사 교정에 밴 플리트 장군의 흉상이 있는 것입니다.

한국전쟁 중 대장으로 전역 후에도 장군은 전 미국을 돌면서 한국전쟁으로 피폐해진 대한민국의 전쟁고아들을 돕기 위한 모금활동 연설에 나서는 등 한국을 돕기 위해 그 어느 한국전 참전 장군들보다 많은 일을 했습니다.

오늘날 한미우호관계에 공헌이 큰 사람에게 주는 상의 이름이 밴 플리트 상인 이유는 외아들을 잃고도 한국 사랑을 멈추지 않았던 장군의 마음과 그의 노블레스 오블리주를 기리기 위해서인 것입니다.

미국인들은 한국의 고위층 관료들과 사고방식 면에서 상당한 차이가 있다는 생각이 듭니다. 특히 목숨이 위태로운 전쟁에서, 그것도 자기 나라가 아닌 타국에서의 전쟁인데도 불구하고 자식들이 용감히 싸워주기를 바라는 것은 진정으로 고위층 지도자들의 도덕적 의무인 노블레스 오블리주를 잘 실천하고 있다는 것을 보여주는 것입니다. 이러한 점은 우리가 본받고 또 본받아야겠다는 생각이 드는군요.

'웃물이 맑아야 아랫물도 맑다'라는 우리나라 속담이 있듯이, 사회지도층이 솔선수범하여 실천할 때 온 국민이 따르지 그렇지 않고 우리나라 지도자급의 말로만의 애국(愛國)이니, 정의(正義)를 부르짖는다고 해도 오히려 불신(不信)과 분열(分裂)만 야기할 뿐입니다.

지금 우리나라의 가장 시급한 문제가 국민대통합과 전반적인 지속발전 시스템의 재구축으로써 이를 위해서는 각 분야의 지도자급들의 '노블레스 오브리주'의 정신으로 온 국민을 이끌어가야 할 것입니다.

어느 영국 한국 주재 기자가 귀국하여 쓴 글 중에 NATO(No Action, Talking Only)라는 말로써 우리나라 지도자들의 만연한 폐습, 심하게 얘기해서 악습(惡習)에 가까운 행동을 서슴지 않는다는 것이지요.

자칭 사회지도자와 지식인이라고 하시는 여러분들의 노브레스 오브리주 정신은 어떠하신지요? 말로만 애국하며 행동은 나라를 망치는 'NATO'족은 아니시겠지요?

나는 죽을 때까지 재미있게 살고 싶다

이래 글은 이화여대 이근후 명예교수가 쓰신 글입니다.

살면서 중요한 말은 Here & now이다. 나는 의대교수였다. 80세의 노인이다. 정신과 전문의로 50년간 15만 명의 환자를 돌보고 학생들을 가르쳐 왔다.

퇴직 후 왼쪽 눈의 시력을 완전히 잃었다. 당뇨병, 고혈압, 통풍, 허리 디스크, 관상동맥협착, 담석 등 일곱 가지 중병과 고달픈 스트레스를 벗 삼아 어쩔 수 없이 살아가고 있다.

한쪽 눈으로도 아침이면 해를 볼 수 있고 밤이 되면 별을 볼 수 있다. 잠이 들면 다음날 아침에 햇살을 느낄 수 있고, 기쁨과 슬픔과 사랑을 품을 수 있다.

남의 아픔을 아파해 줄 수 있는 가슴을 가지고 있다. 세상을 원망할 시간이 없다. 지팡이 짚고 가끔 집밖으로 산책을 했다.

한쪽 눈이지만 보이는 것만 보아도 아름다운 것이 많았다. 지금은 다리에 힘이 없어 산책이 어렵지만 계절이 바뀔 때마다 보이는 앞산 수풀 색깔이 아름답다.

감사하다. 인생이란 바로 '여기(here)'와 '지금(now)'이다. 행복을 느낄 시간과 공간과 사람은 바로 지금이다. 지금 여기에서 함께 하는 사람들과 어울려 한 번이라도 웃으며 이야기를 나눌 수 있는 내가 바로 즐거움이다. 적지 않은 사람들은 참이 아닌 것에 시선을 꽂고 많은 시간을 소비한다. 살아 보니까 그렇다.

뇌 속에서 행복을 만드는 물질은 엔도르핀이다. 엔도르핀은 과거의 행복한 추억 때문에 생기는 게 아니다. 지금 내가 즐거워야 엔도르핀이 형성된다.

사람이 어떻게 늘 행복하기만 하느냐고 묻는 이들도 있다. 그런 이분 법적인 생각에서 벗어나야 한다. 어제 죽은 사람들이 하루라도 더 살기를 원했던 그 시간이 내가 살고 있는 오늘이다. 나는 그 소중한 오늘에 살고 있다. 괴롭고 슬퍼도 한 가닥 희망을 만들어 보자. 살아있음이 즐겁고 만날 수 있음에 감사하자.

지나간 세월은 어렵게 살았더라도 다 행복했던 거라고 나이든 사람들은 이야기 한다. 왜냐하면 사람은 누구나 짜릿하게 행복한 시간이 있었다. 사람은 그 추억으로 사는 것 같다. 괴로움을 겪어 봐야 행복할 줄 안다. 인생살이 살면서 오늘 지금 여기가 제일 중요하다는 말이 맞는 말 같다.

아내 없이 살아보니까 있을 때 몰랐는데 젓가락 한쪽이 없어진 거야! 있을 때 잘 해라는 말을 많이 들었는데 그럼 어떻게 살아야 할까? 우리 장인이 하신 말씀인데 '팔자로 받아들이면 다 보여'. 행복의 답은 '바로 지금, 여기 내 가슴'에 담겨있다. 고개 들어 저 멀리 하늘을 한번 보자.

이 글을 읽노라면, 참된 지혜로운 삶의 핵심을 말씀하시는 것 같습니다. 창조주 하느님의 사랑으로 이 세상에 태어나, 자연의 아름다움을 만끽하고, 비록 숱한 고통이 있었지만 그것은 아름다운 추억으로 남는다는 것과 그 고통을 남과 더불어 이겨내면서 삶의 보람을 느꼈고, 특히 주위의 가까운 사람들, 외롭고 힘들어하는 이들과의 슬픔을 같이 하며 연민의 정을 나눌 때, 그 순간순간들이 쌓여 보람된 삶의 여정을 만들어 간다는 사실을 깨닫는 순간, 자신은 어느덧 '이웃과 시간의 진정한 의미'를 세월과 더불어 바로 여기, 이 순간에 맞이하고 있다는 사실과, 옛 추억을 우리와 함께 하시고자 하는 것 같습니다.

우리나라의 의사라는 직업으로서, 대부분의 경우, 히포크라테스나 허준 같으신 분들의 훌륭한 사고를 가지신 분들을 찾아보기가 매우 어려운 상황에서 뜻하지 않게, 비록 의사로서 당연한 것이지만, '지혜로우신 의사'를 오래간만에 접하다 보니 마음이 흐뭇해지네요.

사실 의사라는 직업은 고통과 생명을 다루는 것이기에, 기능, 기술적인 능력 이상으로 철학적, 종교적, 문학, 예술적 의미의 삶의 지혜를 부단히 쌓아가지 않으면, 자기 본분을 제대로 수행하기도 어렵거나와 정신적으로도 살벌해지고 메말라가는 경우가 많기에 인간적인 연민의 감성이 매우 중요한 것 같습니다.

순간순간, 주어진 여건에서 최선을 다하면서, 즐기며 기뻐하고, 특히 감사한 마음을 지니시고 은퇴하신 이 교수님께 존경심이 가는군요.

사실 요사이 우리나라에서 이러하신 의사님을 찾아보기가 쉽지 않거든요.

왜냐하면, 대부분의 전문직(의사, 약사, 변호사, 검사, 판사, 회계사 등) 종사자들께서 존경의 대상으로 교양과 감성이 풍부한 인격과 인품을 품고 살아야 하는데 심하게 얘기해서 기술자도 아닌 기능공에 가까운 로봇과 같은 인상을 많이 주는 것 같습니다. 그럴 수밖에 없는 어쩔 수 없는 사정이 있겠지만 여하튼 물질만능주의와 관계가 많지 않나 봅니다.

우리 모든 지식인들께서는 매일매일, 매순간 모든 일, 모든 사람에게 '최선을 다했는가?'를 자문하실 것을 적극 권하는 바입니다. 듣고, 보고, 생각하고 적는 습관을 갖다 보면 아무래도 반복되는 실수는 안 하겠지요.(三多, 많이 읽고, 보고, 듣고, 생각하고 기록함)

2부

난초 같은 삶

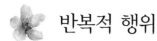

반복적 행위

포르티아 넬슨의 다섯 장으로 된 짧은 자서전

①
난 간 길을 걷고 있었다.
길 한 가운데 깊은 구덩이가 있었다.
난 그곳에 빠졌다.
난 어떻게 할 수가 없었다.
그건 내 잘못이 아니었다.
그 구덩이에서 빠져나오는데 오랜 시간이 걸렸다.

②
난 길을 걷고 있었다.
길 한가운데에 깊은 구덩이가 있었다.
난 그걸 못 본 체했다.
난 다시 그곳에 빠졌다.
똑같은 장소에 또 다시 그곳에 빠진 것이 믿어지지 않았다.
하지만 그것은 내 잘못이 아니었다.
그곳에서 빠져나오는 데 또다시 오랜 시간이 걸렸다.

③
난 길을 걷고 있었다.
길 한가운데에 깊은 구덩이가 있었다.

난 미리 알아차렸지만 또다시 그곳에 빠졌다.
그건 이제의 하나의 습관이 되었다.
난 비로소 눈을 떴다.
난 내가 어디 있는가를 알았다.
그건 내 잘못이었다.
난 그곳에서 얼른 빠져나왔다.

④
내가 길을 걷고 있는데 길 한가운데에 깊은 구덩이가 있었다.
난 그 구덩이를 돌아서 지나갔다.

⑤
난 이제 다른 길로 가고 있다.

우리는 태어나자마자 얼마 안 있어 걸음걸이를 부모로부터 배웁니다. 위와 같은 실수를 반복하며 결국에는 스스로 걷게 되지요. 직장에서, 국내에서, 세계에서 최고의 전문가가 되겠다고 생각한다면, 우선 꿈을 품고, 할 수 있다는 강한 의지로 매일매일 연습, 연습, 연습을 반복하며 습관화하는 길 이외에 무엇이 있을까요?

지속적이고 반복적인 실수와 모자람을 극복하여 한계점에 도달하면 자기도 모르게 자동적으로 제 갈 길을 찾아 리듬을 타고 지칠 줄 모르는 에너지가 방출하여 정상에 도달하게 된다는 사실이지요.

'세상에는 어디에서나 반복이 있고, 한 번만에 발견되는 것은 없다'라고 괴테는 말했으며, '새끼줄도 톱 삼아 쓰면 나무가 끊어지고, 물방울도 오래도록 떨어지면 돌을 뚫나니, 도(道)를 배우는 이는 모름지기 힘써 참을성을 덧나리. 물이 모이면 냇가가 되고 참외가 익으면 꼭지가 빠지나니, 도를 얻으려는 이는 하늘에 맡기고 하루하루 최선을 다한다'라고 채근담에 쓰여 있지요.

또한 연습을 반복한다는 것은 꿈을 이룩하기 위한 자신과의 중요한 약속을 행하는 것이기 때문에, 양과 질을 조화를 이루며 혼신을 다하여 연습을 하여 뇌 속에 차곡차곡 쌓아 결코 흔들림 없이 지속적으로 발전, 성숙할 수 있는 단계에 이룰 수 있다는 것입니다. 아마도 세계적 마라톤 선수나 각 분야의 전문가들의 생활 태도기 그러할 것입니다.

반복, 반복, 반복, 끝임없는 시행착오를 통하여 자기만의 리듬을 만들어 무한질주하시기를 바랍니다.

불평(不評), 불만(不滿)

불평, 불만은 하나의 습관이고 삶의 태도의 일부분인 것 같습니다. 시도 때도 없이 그저 불만스러운 자세로, 우리 사람의 힘으로 채울 수 없는 내면 깊은 곳의 결핍 같은 것이라 하겠지요.

그래서 들어주는 것까지는 우리 각자가 노력하면 되겠지만 그것을 채워주고 해결해주는 것은 다른 문제이지요.

일찍이 사회심리학자인 살보 노에는 '불평을 멈출 수 없는 것은 삶의 의미를 찾지 못하며 공감하는 능력이 부족하며 자기중심주의에 사로잡혀 있기 때문이다.'라고 '불평 멈추기'라는 저서에서 말했지요.

대부분의 경우, 그들은 '이 사람만 바뀌면' 혹은 '이것만 개선되면, 이것만 없으면' 모든 잘 것이 해결될 것처럼 주위 사람들에게 곧바로 해결하기를 요구하며 투덜대지만, 그 문제가 설사 해결된다고 해도 그들은 결코 불평을 끊지 않고 습관적으로 계속 떠들어 댄다는 것입니다.

그것은 바로 그들의 삶의 태도로서 알코올 중독자와 같이 스스로 자기의 문제점을 깨닫고 고치고자 하는 의지가 없는 한 정상으로 돌아오기가 어려울 것입니다.

동시에 그러한 불평의 강력한 전염성이 큰 문제로서 주변 사람들에게 부정적 견해를 퍼뜨리고 불편한 감정을 유발하기 때문에 하나의 조직, 단체를 이끌어 가는데 많은 장애가 되지요.

'불평, 불만은 자기 것의 결핍이요, 의지(意志)가 허약하기 때문이다.'라고 에머슨은 말했고, '인생에 만족하지 못하는 것은 스스로를 멸망시키는 자들의 불만족한 상태'라고 T. 브라운은 말했지요. 또한, '소크라테스 말대로 만일 세상의 모든 사람들이 자기들의 육신과 마음과 운명에 대한 불평거리를 가져와 산더미로 쌓아 놓고 그것을 똑같이 나누어 갖자고 한다면 당신은 똑같이 분배하여 당신의 몫을 받겠는가? 혹은 지금 그대로 있겠는가? 의심할 나위 없이 당신은 오늘의 처지를 택할 것이다.'라고 R. 버튼이 말했듯이, 우리 각자 싫든 좋든 자신의 인생을 짊어지고 갈 수밖에 없는 것이지요. 그러하기에 서로 이해하고 돕고 살 수 있는 지혜로운 길을 만들어가야 하겠습니다.

하버드대학 심리학과에서는 어느 회사가 완벽한 복지시설을 갖추었는데도 생산 효율이 저조한 이유를 규명하기 위해 전 직원을 대상으로 개별 면담을 하고 회사에 대한 불만과 의견을 자세히 들으며 기록을 했다고 합니다.

그런데, 그와 같은 과정의 실험을 한 후, 아무런 조치도 하지 않았는데도 회사의 생산량은 크게 증가했다고 합니다. 이 실험을 통해 심리적 안정을 찾고, 일에 전념하게 되었다고 합니다. 어떤 불평, 불만도 내면의 쌓여있던 감정을 표출하는 것만으로도 해소된다는 사실을 보여주고 있습니다.

우리는 어떤 문제를 꼭 해결해야 한다는 강박감을 떠나, 우선 상대의 몰상식하고 이해하기 힘든 불평, 불만에 대해서 그것에 대한 옳고 그름, 좋다 나쁘다를 떠나 '왜 그 사람이 그러한 행동을 할까?'에 대한 근본 원인을 관심을 갖고 경청하다 보면 문제 해결의 실마리가 나타난다는 사실이지요.

우리는 바쁘다는 핑계로, 또는 자신과는 무관하다는 생각으로, 주위 환경의 문제점에 대해서 소홀히 하는 경우가 많지요. 그런데, 엄밀히 말해서 이웃사촌이라는 말이 있듯이 직·간접적으로 자신과 관계가 형성된다는 사실을 깨닫게 된다면, 그것을 결코 남의 일이 아니라 나의 일도 되기에, 서로 관심을 갖고 배려하며 해결하는 자세를 습관화하시기를 바랍니다.

불만을 표시하는 것은 우리가 느끼는 바를 드러내는 하나의 수단이기 때문에 불평, 불만을 그저 나쁘다고 할 수는 없지만, 그러나 대화나 행동을 통해 우리가 무엇을 할 수 있을까?를 생각해 보고 상황을 바꾸어 가면서 주어진 환경을 더 낳은 방향으로 개선하기 위해 자신이 할 수 있는 것에 최선을 다하는 것이 더 지혜로운 반응이 될 것입니다.

불평, 불만이 있는 곳에는 항상 악마(惡魔)가 서성거리고 있다는 사실, 작금의 우리나라 정치문화에서 필히 유념해야 할 사항이라고 봅니다.

 기도의 힘

생텍쥐페리의 『어린 왕자』에는 '사막(砂漠)이 아름다운 것은 그 어딘가에 오아시스를 감추고 있기 때문'이라는 문구가 나옵니다. 창조주 하느님이 허락하신 광야가 아름다운 것은 하나님이 숨겨 놓으신 사랑의 오아시스가 곳곳에 감춰져 있기 때문일 것입니다. 그 오아시스는 때에 맞는 하나의 도움(구원)일 수도 있을 것이고, 좋은 사람의 만남일 수도 있을 것입니다.

물이 항상 내 옆에서 철철 흐른다면 오아시스는 별 의미가 없겠지만, 사막에서의 오아시스는 삶과 죽음을 가르는 감동적인 드라마가 되겠지요. 작은 오아시스라도 만나면 고마워서 목이 메어 눈물이 날 것입니다.

오아시스가 곳곳에 있는 까닭에 광야는 죽을 것처럼 괴롭지만, 실제로 죽지는 않는다는 것입니다. 창조주 하느님께서 우리 인간을 사랑으로 내셨다는 사실을 확신하며, 우리는 무한한 기도와 묵상으로 고통을 이겨나가야 할 것입니다. 고난 속에서 기도하는 사람은 하느님이 준비하신 이 오아시스에서 영혼의 생명수를 길어낸다는 사실을 잊지 말아야 하겠습니다.

내 영혼이 편하고 때는 세상만사가 잘 풀릴 때는 우린 너무 열심히 세상만을 바라보고 살지요. 우리는 때때로 나 자신만을 생각하는 인간이지만 그러나 내 영혼이 고달프고 힘들 때는 지푸라기도 잡는 심정으로 하느님을 찾게 된다는 것이지요.

어느 정신과 교수의 실험 데이터에 의거하면, 일반적으로 기도하는 사람과 그렇지 않은 사람들의 차이점은, 종교인이 비종교인보다 3배 이상 기도하는 습관을 가지고 있는데, 기도하는 모든 사람들은, 지극히 긍정적이고 언행이 일치하며 매사에 감사하며 어느 누구와도 쉽게 편한 관계를 맺으며 보람된 삶을 살아가고 있다는 것입니다.

기도, 묵상을 통한 영성생활은 어떠한 육체적, 정신적 고통도 이겨내는 무한한 힘, 곧 영혼의 승리인 것입니다. 영적(靈的)인 것. 즉 영생(靈性)은 인생을 하느님의 시각으로 정확히 해석하는 능력이기도 하지요.

당신은 얼마나 자주 또 얼마나 깊이 있게 창조주 하느님께 감사의 기도를 드리며 삶의 활력을 되찾고 계신가요? 기도와 묵상을 매일 꾸준히 일상화하여 오래 하신 분들은 잘 아시겠지만, 그 자체가 자신을 확실하게 깨닫게 하고 항상 어떠한 난관과 어려움에도 비교적 초연하게 대할 수 있으며, 가까운 친구나 이웃 그리고 가족에 대한 모습을 떠올리며 기도를 바치다 보면 언제 봐도 매일 접하는 사람처럼 친근감을 계속 품고 살게 되지요. 습관화되어 리듬을 타면, 사실 시간이 그렇게 많이 소요되지 않거든요.

혹시 지금 상황이 건강이든 물질적인 것이든, 어떠한 상황의 고통을 극복하고 편안한 마음을 원하신다면 '기도'를 품고 사시기를 적극 권하고자 합니다.

우리는 지속적으로 기도, 묵상으로 나만의 창조주 하느님의 영(靈)을 받아 범사에 감사하는 마음으로 더불어 보람된 삶을 살아가는 자세를 굳건히 하면 좋을 것입니다. 당신의 기도하는 모습을 연상하면서…

진정한 친구

　보통 많은 사람들이 추구하고 갖기를 원하는 7가지는, 돈, 권력, 명예, 시간, 친구, 취미, 건강을 꼽을 수 있겠는데, 그 중에서도 '좋은 친구'야말로 인생 후반이 넉넉해지는 진짜 부자라고 할 것입니다. 외롭고 힘든 인생길에서 따뜻하고 정겨운 우정보다 소중한 것이 어디 있을까요?

　어쩌면 가족보다 더 가까운 사이가 친구라고 하지요. 아무리 돈이 많고, 권력이 있어도 주위에 마음을 기댈 친구가 없다면 그 사람은 필시 불행한 인생임에 틀림없다고 봅니다.

　위의 말은 아직까지 유효한데, 핵가족시대, 지금의 상황에서는 제일 친한 친구가 곧 부부 사이가 되어버렸고, 옛날의 친구 개념은 자신이 확고한 신념과 꾸준한 노력 없이는 그러한 친구 관계를 갖기가 정말 힘들지 않을까 생각되는군요.

　세계적 갑부인 월마트(Wal-Mart)의 창업자, 샘 월튼(Samuel Moore Walton; 1918~1992)도 임종이 가까워져 자신의 삶을 되돌아보니 그에겐 친구라고 부를 수 있는 사람이 없음을 한탄하며 크게 후회했다고 합니다.

　결국 '내가 친구가 없는 이유는 내가 그 사람의 친구가 되어 주지 않았기 때문이다.'라는 말에서도 알 수 있듯이, 좋은 친구를 얻는 일은 전적으로 자신이 하기에 달려 있지요.

　한편, 친구로 삼지 말아야 할 사람으로는 예로부터 '오무(五無)'를 들고 있습니다. 이는 무정(無情), 무례(無禮), 무식(無識), 무도(無道), 무능(無能)한 인간을 말하지요.

　그러나 자신부터 여기에 해당되는 사람은 아닌가를 살펴야 함이 도리

일 것입니다. 논어의 계씨편(季氏篇)에는 공자가 제시한 세 가지 기준에 의하면,

익자삼우(益者三友) 즉 유익한 세 친구는 '정직한 사람', '신의가 있는 사람', '견문이 많은 사람'이라고 했지요. 반면, 손자삼우(損者三友) 바로 해로운 세 친구는 '아첨하는 사람', '줏대 없는 사람', '겉으로만 친한 척하고 성의가 없는 사람'이라고 설파하였습니다.

'친구 없는 일생은 증인 없는 죽음이다.'라고 G. 허버트는 말했고, '친구끼리는 모든 것을 공동으로 갖는다.'라고 플라톤이 말했으며, '벗이 없으면 어떤 좋은 일에도 만족이 없다.'라고 세네카는 말했지요. '친구란 무엇인가? 친구는 바로 이런 사람이다. 즉 솔직하게 당신 자신을 드러낼 수 있는 사람이다.'라고 F. 크레인이 말했으며, '친구는 또 하나의 나이다.'라고 디오게네스가 말했듯이, 또 하나의 나의 친구를 '나 자신을 대하듯' 도처에 심어 놓으시면 어떨까요?

지금은 옛날처럼 여유롭게 선택하고 만나서 친구를 사귄다는 것 자체가 그리 쉽지 않기에, 아무리 나쁜 친구라지만 만남 자체를 귀하게 여기어 상대에게 진실된 마음으로 성실하게 대하다 보면 상대도 깨달아 그 이상의 고마운 마음으로 지란지교(芝蘭之交)의 관계로 이끌어 가지 않을까 봅니다.

물처럼 산다는 것

노자(老子)의 도덕경(道德經)이 우리 인간의 지혜로운 삶에 대해 전하고 자 하는 핵심 내용은 아마도 '흐르는 물처럼 살라'라는 것이라 생각합니다.

물은 무서운 힘을 가지고 있으면서도 겸손하고 부드러우며 여유로운 표정으로 흐르는 물의 진리를 배우라는 것입니다.

(1)물은 지극히 유연하지요. 물은 네모진 곳에 담으면 네모진 모양이 되고, 세모진 그릇에 담으면 세모진 모양이 됩니다. 이처럼 물은 어느 상황에서나 본질을 변치 않으면서도 순응하며 모든 것을 감싸지요. 그러면서도 자기가 가야 할 머나먼 바다로 향하여 가고자 하는 마음은 변함이 없습니다.

(2)물은 무서운 힘을 갖고 있습니다. 물은 평상시에는 골진 곳을 따라 흐르며 벼이삭을 키우고 목마른 동물의 갈증을 풀어줍니다. 그러나 한 번 용트림하면 바위를 부수고 산을 무너뜨리지요. 홍수가 나면 많은 것이 부서지고 떠내려가며 큰 재앙을 일으키기도 합니다.

(3)물은 낮은 곳으로 계속 흐릅니다. 물은 항상 낮은 곳으로만 흐르지요.

낮은 곳으로 낮은 곳으로 흐르다가 물이 마침내 도달하는 곳은 드넓은 바다입니다. 그 바닷물이 수증기가 되어 구름이 되고, 그 구름이 태양과 바람의 도움으로 비를 만들지요. 물은 계속해서 순환하며 인간과 모든 동식물에게 도움을 줍니다.

사람도 이 물과 같이 모나지 않고 유연하게 다양한 사람을 너그럽게 포용하고, 불의에 주저하지 않고 용기 있게 대처하며, 벼가 고개를 숙이는 것처럼 겸손하게 자기 자신을 낮추는 현명한 자세로 남을 도우며 자기의 삶을 살아야 한다고 합니다.

물의 특성은 어진 일을 하면서도 스스로 어질다는 생각을 버리고 유유히 자기 할 일을 하지요. 그런데 우리 모든 인간은 좋은 일을 하면서 보람을 느끼며 그 뿌듯함에 계속 도취되어 본인 스스로가 대단한 사람으로 착각하며 경우에 따라서는 교만과 '내가 누구인데', '니가 뭔데?!' 하면서 특별한 대우를 받고자 하는 경향이 있습니다.

자기만의 삶과 남과 더불어 함으로써 누릴 수 있는 행복은 마다하고 물질만능과 오직 삶의 수단가치(권력, 명예, 부)에만 집중하고 경쟁과 비교 우위에서 행복을 찾다 보니, 거기에 휩쓸려 남는 것은 '내가 누군데?', '니가 뭔데?!'라는 자만심과 교만함이 쌓여 스스로 자멸(自滅)하는 경우가 되겠지요. 강물이 모든 골짜기의 물을 흡수할 수 있는 것은 아래로 흐르기 때문이지요.

오로지 아래로 처질 수 있으면 결국 위로도 처오를 수 있게 되기에 강물처럼 겸손을 배우려고 하지 않는다면 아무 것도 배울 수 없다는 사실, 물은 겸손한 자세로 상대를 수용하면서도 자기가 하고자 하는 목적과 가고자 하는 목표가 확실하다는 사실을 깨달아야 하겠습니다.

작은 것을 소중히 할 때

한평생 시계만을 만들어 온 사람이 있었습니다. 그리고 그는 늙어 있었지요. 그는 자신의 일생에 마지막 작업으로 온 정성을 기울여 시계 하나를 만들었습니다. 자신의 경험을 쏟아 부은 눈부신 작업이었지요. 그리고 그 완성된 시계를 아들에게 주었습니다.

아들이 시계를 받아보니 아들이 이상스러운 것이 있었습니다. 초침은 금으로, 분침은 은으로, 시침은 구리로 되어 있었지요.

"아버지, 초침보다 시침이 금으로 되어야 하지 않을까요?"

아들의 질문은 당연한 것이었습니다. 그러나 아버지의 대답은,

"초침이 없는 시간이 어디에 있겠느냐? 작은 것이 바로 되어 있어야 큰 것이 바로 가지 않겠느냐? 초침의 길이야 말로 황금의 길이란다."

그리고 나서 아버지는 아들의 손목에 시계를 걸어주면서, "1초 1초를 아껴 살아야 1초가 세상을 변화시킨단다."라고 말씀하였습니다.

세상에는 '살인(殺人)'이란 말이 있습니다. 그렇다면 '살시(殺時)'라는 말은 어떨까요. 사람을 죽이는 것은 법적으로 다루는 일이지만, 시간을 죽이는 일은 양심의 법으로 다루는 일이 될 것입니다.

우리는 자주 이 양심을 외면하며 살지요. 작은 것을 소홀히 하며 아무렇게나 해도 상관없는 것으로 생각할 때가 많습니다. 시계를 만드는 아버지의 말처럼 작은 것이 없는 큰 것은 존재하지도 않는다는 사실을 우리 모두가 명심하며 살아야 할 근본이지요.

벽돌 하나도 10층 건물에서 소중한 역할을 하며, 벼 한 포기가 식량의 중심이 되는 것과 같습니다. 작은 것을 사랑하지 않는 사람은 결국 큰길로 가는 길을 놓치고 마는 것입니다. 1초가 세상을 변화시키는 이치만

알아도 아름다운 인생이 보인다는 사실을 잊지 말아야 하겠습니다.

창조주 하느님께서도 우리 인간 한 사람 한 사람, 일대일의 관계라는 사실과 어느 한 사람도 빠짐없이 소중히 여기시고 우리를 돌보아 주신다는 사실을 확실히 깨달을 때, 우리 모두가 삶의 핵심 요소인 시간도 일분일초를 아끼며 삶을 보람되게 살아야 할 것입니다. 한 순간의 최선이 쌓여 행복한 삶이 되고, 영원한 삶이 되는 이치이지요.

왜 모든 조직이나 단체에 있어서 이탈자가 생기고 불협화음이 생길까요? 최근 많은 교인들이 교회나 성당을 떠나 반 이상의 냉담자가 생기는 이유가 무엇일까요?

여러 가지 이유가 있겠지만, 원래 예수가 그랬듯이 한 사람, 한 사람을 소중히 여겼던 일대일의 관계가 종교라는 단체라는 것에 우선하고 각 개인을 소홀히 할 수밖에 없는 현상에서 오는 경우이겠지요.

한 사람이 조직에서 관심과 배려하는 마음으로 이끌어갈 수 있는 인원은 최대 250명 안팎이라고 하는데, 신자를 물건을 만들어 내는 것처럼 마구 신자를 불리다 보니 제대로 돌보고 관리하기가 어렵겠지요.

특히 4차 산업혁명의 핵심요소가, 획일화와 집단화가 아니라 한 사람 한 사람, 그리고 사소하고 보잘것없는 것이라도 관심을 갖고 함께 하는 것이라는 사실을 잊지 말아야 하겠습니다.

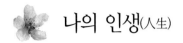

나의 인생(人生)

　현실을 마주하는 내 마음이 어떠한 생각과 자세로 살고 있는 지금의 현실을 천국으로도, 또는 지옥으로도 만들겠지요. '세상만사 마음먹기에 달렸다.'라는 말이 있듯이 마음의 자세가 매우 중요하다고 봅니다.

　내가 처한 상황과 환경, 외부로부터 오는 모든 문제와 사건들을 내가 다 어찌할 순 없습니다. 그건 마치 배를 모는 선장이 날씨를 보며 걱정하는 것처럼 무의미한 일이지요.

　하지만 그 상황 속에서 내가 어떻게 반응할지, 그 문제를 어떻게 해석할지, 내가 어떻게 행동을 취할지는 내가 결정할 문제이지요. 인생이라는 항해를 할 때, 내가 '나'라는 배를 모는 선장으로서 비바람이 부는 날씨를 보며 사서 걱정하기 보단, 내 배의 키를 단단히 잡고, '배의 방향'을 내가 선택하며 살아갈 때, 바로 자기의 인생이 되는 것이지요. 나에겐 그 선택권이 주어져 있다는 사실을 잊지 말아야 할 것입니다.

　항해가 두려워서 평생 항구에 가만히 머물러 있다가 서서히 녹슬어 침몰하는 침몰선이 될 것인지, 다른 사람의 인생을 멀리서 구경하며 남과 나를 비교하고 부러워하며 관람하는 유람선이 될 것인지, 거침없이 전진하며 멋지게 살고 자신을 지키고 사랑하는 사람들도 지킬 수 있는 전투선이 될 것인지, 그 모든 선택은 나에게 달려 있다는 사실입니다. 결국 내 인생은 내가 생각하는 대로 된다는 것이지요.

　'인생은 계산하는 것이 아니라 그림을 그리는 것이다.'라는 말이 있듯이, 자기 인생은 자기가 만들어 가는 것이지요.

　'인생의 가치는 생애의 길이에 있는 것이 아니라 그 생애를 만드는 활용에 있다. 사람이 오래 살아도 인생에서 거의 얻지 못할 수도 있다. 네가 인생에서 만족을 발견하느냐 못하느냐는 몇 년 살았다는 네 얘기가 아니라 내 의지에 달렸다.'라고 M.E 몽테뉴가 말했듯이, 인생의 모든 삶은 자기 의지에 따라 좌우된다는 것입니다.

'인생에는 독특한 리듬이 있다. 우리는 이 리듬의 아름다움을 깨달아야 한다. 대교향곡을 들을 때와 같이, 그 낙상(樂想), 그 난파조(亂破調), 그 마지막 대협화음(大協和音)을 음미할 줄 알아야 한다. 인생의 음악은 각자가 작곡해 나가지 않으면 안 된다. 사람에 따라서는 불협화음이 점점 퍼져서 나중에는 멜로디의 주조(主調)를 압도하거나 말살해 버리는 수가 있다. 또 때로는 불협화음이 너무 강해서 멜로디가 중단되어 권총자살도 하고, 강물에 뛰어들기도 한다. 이러한 인생은 별도로 치고 정상적인 인생은 엄숙한 행진이나 행렬처럼 끝까지 지속되는 법이다. 그러나 잡음(雜音)이나 단음(短音)이 지나치게 많은 경우가 있다.

그럴 때에는 템포가 잘못된 것이므로 불쾌하게 들린다. 저 밤낮을 가리지 않고 유유히 흘러서 바다로 들어가는 큰 강물의 웅장한 템포야말로 우리가 동경하여 마지않는 바라고 임어당(林語堂)이 말했듯이, 모든 삶은 나로 시작해서 나로 끝나기에 자기의 리듬을 아름답게 만들어가야 하겠습니다.

리듬을 탄다는 것은 일상생활에 있어 자기에 맞고 여건이 허락하는 범위 내에서 규칙적이고 지속적인 생활패턴을 만들어, 그 리듬에 맞추어 새로운 것을 창조해나가는 것을 말하지요. 당신의 리듬은 어떠하신지요?

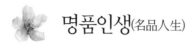
명품인생(名品人生)

명품으로 휘감아도 사람이 후지면 짝퉁으로 보일 것이고, 싸구려 시장 제품을 입어도 사람이 명품이면 그 제품 또한 명품일 것이라 생각되겠지요.

나는 어떤 사람일까요? 많은 분들이 부자 동네에 사는 걸 자랑스럽게 생각하지요. 그런데 그렇게까지 목메여 갈구하며 자랑할 만한 일일까요?

후진 사람이 부자 동네에 산다고 그 사람의 값어치가 올라갈까요? 명품이나 자신이 사는 동네를 자랑할 것이 아니라 자기 자신이 명품이 되도록 노력하는 것이 오히려 정도가 아닐까요?

어느 의사가 외국에서 공부를 끝내고 어느 병원으로 갈지 지도 교수와 상의를 했다고 합니다. 유명한 병원에서 갈고 닦은 실력을 보여주고 싶다는 그의 말에 지도 교수는 이렇게 말했습니다.

"유명한 병원에 가는 대신 자네가 가는 병원을 유명하게 만들면 어떻겠나?"

그 말을 들은 그는 경기도 남부 중견급 도시에 위치한 종합병원에 가게 됐고 얼마 후 그 병원은 심장 진료 전문 병원이 되었다고 합니다.

사람이 명품이면 입은 옷도 사는 동네도 다 명품이 되는 이치이지요. 세상에는 소용없거나 미천한 것은 아무 것도 없습니다. 모든 것은 제자리에 있을 때에 가장 좋고 아름다운 것 같습니다. 쓸데없게만 보이는 것이라도 다른 것들을 뒷받침하고 도와줄 때, 그 모습은 곧 명품이 되겠지요.

"우리기 결정해야 할 것은 아마도 우리가 얼마나 가치 있게 보이느냐가 아니라 어떻게 가치롭게 되는가."라고 E.Z. 프리던벅드가 말했으며, "인생은 계산하는 것이 아니라 그림을 그리는 것이다."라고 O.W. 홈즈가 말했듯이, 인생은 무엇인가를 새롭게 시도하고 창조하는 과정인 것 같습니다.

자기만의 고유한 것을 만들어 부단히 갈고 닦으며 새롭게 하여 감사함과 겸손한 마음으로 남과 더불어 나눌 때 그것이 곧 명품(名品)이 되는 순간이 아닐까요? 어떻게 생각하면, 이 세상에서 제일 아름답다는 것은 자기 정성을 다하여 온전히 바칠 때 찬란히 빛나는 것이라 생각합니다.

그래서 매순간 '온 몸을 다하여, 온 정신을 다하여, 혼신을 다할 때' 그 순간마다 명품(名品)이 탄생된다는 사실을 잊지 말아야 하겠습니다.

그동안 우리는 모든 것을 가격개념(價格槪念)으로 평가하고 그것에 따라 좌지우지한 것 같습니다. 짝퉁, 명품은 가격과 가치 그리고 인격과 인품에 따라 의미가 달라진다는 사실이지요. 이제는 가격(PRICE)이 아니라 가치(價値, VALUE)에 초점을 두고 명품(名品)을 즐겨야 할 것입니다.

 # 노후의 친구

늙은 나이에 친구란 나에게 무슨 의미가 있는가? 첫째, 가까이 있으면 좋고, 둘째, 부담 없이 자주 만날 수 있어야 하고, 셋째, 같은 취향이나 취미가 같으면 더 좋겠지요.

100세 시대를 맞이하여, 회갑잔치가 사라지고, 인생칠십고래희(人生七拾古來稀)라는 칠순잔치도 사라진 지금, 인생백세고래희(忍生百世古來稀)가 정답이 된 이른바 초 고령화 시대에 들어섰지요.

60대는 노인 후보생으로 워밍업 단계요, 70대는 초로(初老)에 입문하고, 80대는 중노인(中老人)을 거쳐, 망백(望百)의 황혼 길로 한 걸음 한 걸음, 어둠속으로 사라지는 인생이라고 한탄들 하지요.

장수(長壽)가 좋기는 하나봅니다.

'아족부행(我足不行)' 내 발로 못 가고, '아수부식(我手不食)' 내 손으로 못 먹고, '아구부언(我口不言)' 내 입으로 말을 못하고, '아이부청(我耳不聽)' 내 귀로 못 듣고, '아목부시(我目不視)' 내 눈으로 못 보는 경지에 서서히 다가가는 느낌을 갖게 되면서 마음은 더 더욱 허전함에 가득하지요.

이렇다면 살아도 사는 게 아니요, 죽을 맛이 아니겠는가? 하는 생각도 갖게 되겠지요. 그래서 첫째도 건강, 둘째도 건강, 셋째도 건강이 최고의 가치라고 합니다.

그래도 노인으로써 언제 어디서나 소외당하지 않고 사는 '100세 시대의 노인 처세법'의 처음과 끝은 딱 하나!

결코 젊은 날로 돌아갈 수는 없고, 다시 한번 더 살아볼 수도 없고, 한번 살다 끝나면 영원히 끝나는 일회용 인생인데, 지금 이 순간 큰소리 한번 못 치면 언제쯤 해보겠는가라는 생각도 하게 되겠지요.

아마도 대부분의 노인들은 죽음을 예견하며, 아래와 같은 탄식을 할 것이라 생각되는군요.

流水不復回(유수불부회) 흐르는 물은 다시 돌아오지 않고,
行雲難再尋(행운난재심) 떠도는 구름은 다시 볼 수 없네.

老人頭上雪(노인두상설) 늙은이의 머리위에 내린 흰 눈은,
春風吹不消(춘풍취불소) 봄바람 불어와도 녹지를 않네.

春盡有歸日(춘진유귀일) 봄은 오고 가고 하건만,
老來無去時(노래무거시) 늙음은 한번 오면 갈 줄을 모르네.

春來草自生(춘래초자생) 봄이 오면 풀은 절로 나건만,
靑春留不住(청춘유부주) 젊음은 붙들어도 달아 나네.

花有重開日(화유중개일) 꽃은 다시 필날이 있어도,
人無更少年(인무갱소년) 사람은 다시 소년이 될 수 없네.

山色古今同(산색고금동) 산색은 예나 지금이나 변화지 않으나,
人心朝夕變(인심조석변) 사람의 마음은 아침저녁으로 변하네.

어느 노인이 쓰셨는지는 모르겠지만, 구구절절 마음에 와닿네요. 그렇지만, 우리 삶은 이 지구라는 우주에 잠깐 여행을 하고 떠나는 과정이라고 생각하고, '삶과 죽음'은 하나의 동행자요, 동반자라고 생각할 때, 그 순간부터 '죽음'이란 '삶'처럼 덤덤하게 받아들일 때, 당신은 어떠한 공포나 슬픔은 망각한 채 편안하고 여여(如如)한 마음을 가질 수도

있다는 사실을 느껴보시기 바랍니다.

　죽음도 결국 자신이 어떻게 받아들이느냐에 따라 다를 것입니다. 장자(莊子)가 자기 아내가 저 세상으로 떠나는 날 거문고를 켜며 노래도 부르며 "잘 가!"라고 했다는 고사가 있지요. 우리도 죽음에 대해서 장자(莊子)처럼 긍정적으로 접근하면 어떨까 하는 생각이 듭니다.

　한편 저처럼 덤으로 사는 인생, 죽을 줄 알았는데(이 나이에 팔불출이라는 말을 들을 각오로 하는 말씀입니다), 아직까지도 간난아이 건강을 챙기듯 지극정성으로 돌봐주는 집사람의 헌신과 창조주 하느님의 보우하사 100살은 무조건 살 것 같은 느낌을 갖게 히는 것은 그동안 못 다한 '꿈'을 좀 다듬고, 고치고, 새롭게 하여, 누군가는 꼭 해야 하고, 나만이 할 수 있는 것을 찾아 몰입하다 보니 저도 모르게 건강해지고 나이를 망각한 채 하루하루를 아프기 전보다 더 활기찬 생활을 하고 있는 것 같습니다. 한마디로 저는 운(運)이 엄청 좋은 사람이라고 생각하고 있습니다.

　이제는 규칙적인 생활과 육체적, 정신적 건강관리는 아주 기본이 되었고, 거기에 자신의 '꿈', 즉 남과 더불어 보람된 일로 기쁨을 만들고 나누는 과정을 통해 행복을 느낄 수 있다는 사실, 그것이 장수의 최고의 비결이라는 사실을 전하고자 합니다.

　만약 거동이 불편하고 모든 것이 여의치 않더라도 즐거움과 기쁨을 만끽할 수 있는 유일한 방법은 창조주 하느님과 기도와 묵상을 통해 대화를 나누는 것이라는 것도 잊지 마시기 바랍니다.

　'꿈이 있고, 사랑이 가득한 자(者)', 창조주 하느님을 믿고, 그 믿음으로 나 자신을 믿으며, 동시에 주위의 모든 사람을 믿을 수 있다면, 그것이 바람직한 장수(長壽)의 비결이 될 것입니다.

　'죽음이란? 결코 모든 것이 소멸되는 것이 아니라 잠깐 지구라는 별에 왔다가 여행을 마치고 떠나는 과정'이라고 생각하시고, 항상 WELL-BEING, WELL-AGING, WELL-DYING 하시기를 바랍니다.

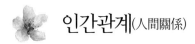

인간관계(人間關係)

한마디로 무엇인가 이해득실에 입각한 완전 비즈니스적 개념을 떠나 인간 본연의 자연스럽고 편안한 관계 속에서 과학과 물질문명이 발달한 사회에서 무언가 바보스러운 느낌을 갖게 하는 인간관계가 가능할까요?

다시 말씀드려서 부처님, 예수나 예수의 어머니, 마리아 같은 분들의 자세가 되겠지요. 제 주위에 약 40여 년 전에 어떤 모임(매월)으로 알게 된 저보다 3~4세 윗분이 계신데 입회 후 얼마 안 되어 사업 부진으로 부도를 맞으시고 힘들어 하였지요. 그래도 지금까지 변함없이 모임에 참석하시여 함께 지내고 계시지요. 참 대단하시다는 생각을 늘 갖게 합니다.

사실 그 모임은 제가 어느 한 분과 뜻이 통하여 모임을 만들게 되었고, 창립자로서 책임감과 우연히 그분께서는 제가 존경하는 분과 잘 아시는 분이시기에 연민(戀憫)의 정(情) 같은 것이 섞여 시간이 되면, 전화 드리고 지금까지 만나뵙고 있습니다.

아마도 그동안 뵙고 식사나 2차를 가서 함께 한 것이 거의 150번에 가까운 것 같은데, 제가 직접 전화를 드리고 모신 건이 145번 정도인 것 같고, 그분께서 직접 전화를 해주시고 대접받은 경우가 근래에 와서 5번 정도 되는 것 같습니다.

수십 년 동안 직접 전화를 하지 않으셨던 분이 어떻게 근래에 전화 주시고 저를 대접하시는 지는 잘 모르겠지만 여하튼 저는 대단한 영광과 기쁨으로 생각하며 그분의 전화를 기다리는 상황이 되었지요.

많은 사람들은 자신이 한 번 내면 다음에는 상대가 내는 것으로 알고 있고 기대하고 있지요. 그러나 먼저 만나자고 한 사람이 돈을 지불하는 것이 관습으로 알고 지금까지 그리해 왔지만, 가끔 상대가 전화를 먼저 주기를 기대하고 또한 당연한 것으로 알고 있습니다.

우리 인간관계에 있어서 아무리 궁금하고 설사 이해가 안 가는 부분이 있더라도 모른 척하며 자연스럽게 만남을 갖고 좋은 시간을 가질 수 있는 기회가 나에게 주어진 것에 대해 기쁨을 느끼는 이유는, 아마도 제가 일방적이지만 전화를 드려 뵙고 모실 수 있는 기회를 주신 선배님께 감사를 드리는 이유는 내가 그분의 입장이라면 과연 나를 만나고자 하실까? 이 점에 대해서 깊이 생각해 볼 필요가 있는 것 같습니다. 나를 믿어주시고 편한 상대로 대해주신 선배님의 따뜻한 정이 저를 기쁘게 해주신 것 같습니다.

저의 아버지께서 상처한 후 저의 어머니께서 백말띠, 처녀로서 13살 연하로 시집오셔서 배다른 누이 두 분과 큰형님 한 분이 계셨는데 나이 차이가 10살 정도밖에 안 되다 보니 매우 힘드셨고 동시에 죄인 같은 마음으로 늘 미안하게 생각하셨던 같았으며, 지금도 생생하게 기억나는 것이 저희들보다 배다른 누이나 형님에게 더 잘 하시려고 무척 노력하시는 모습을 매일 보고 살았지요.

아마도 그러한 모습을 보고 자라서 그런지는 모르겠지만 여하튼 남에게 아무 이유 없이 남을 돕는 것은 좋고 마음이 편안함을 느끼게 되는 것 같습니다.

사실 밥값, 술값은 만남으로 얻어지는 따스한 정(情)에 비하면, 별것이 아닌데, 우리는 계산부터 떠올리며 조건부 또는 그에 상응하는 대가를 치르는 것을 의무적으로 생각하고 있지요.

우리는 상황과 여건에 따라서 체면과 자존심을 떠나 물이 흐르듯 함께 흘러가는 시간을 갖는 것도 좋지 않을까 봅니다. 숫자를 떠나고, 모든 이유와 조건을 벗어나 바람처럼, 구름처럼 함께 여여(如如)한 시간을 가져보시기를 바랍니다.

사실 우리 조상들의 삶은 있는 것 가지고 함께 나누며 그렇게 그렇게 살면서 행복하게 살았지 않았나 봅니다. 지금 제가 별로 가진 것이 없지만, 생각을 달리하고, 마음만 먹으면 남을 돕고 기쁘게 해줄 수 있는 일은 참 많은 것 같습니다.

관계 속의 인간관계는 어떠한 이유이든 간에 만날 수 있음에, 만나주는 것에 감사한 마음을 지닐 때 더욱 좋은 관계로 이어져 즐거움과 기쁨을 느낄 수 있을 것입니다.

왜냐하면, 감사함이란 창조주 하느님께서 우리 인간에게 주신 최고의 은혜와 은총으로써 악(惡)은 보다 선(善)을 강하게 해주고, 선(善)은 보다 선(善)한 관계로 이어주는 능력을 주셨다는 사실을 깨달아 만남의 은혜에 감사한 마음을 갖도록 하여야 할 것입니다.

한편 인간관계에 있어 매우 중요한 요소인 '겸손한 마음'은 오직 '감사한 마음'에서 싹트고, 우러나오며 항상 함께 한다는 사실입니다.

다시 한번 저에게 전화를 주시고 만나주시는 선배님께 감사의 말씀을 전하고자 합니다.

자존감(自尊感)과 자부심(自負心)

자존감(SELF-ESTEEM)과 자부심(SELF-RESPECT)는 거의 같은 내용으로 사용하지만, 자존감은 지극히 살아있음에 감사하고, 모든 사람과 자연과 더불어 함에 감사하며, 많은 사색과 명상으로 자기를 뒤돌아보며, 올바른 자기 이해를 전제로 하며, 자기 자신을 있는 그대로 받아들이기 때문에 다른 사람들의 어떠한 판단이나 평가에 흔들림이 없기에, 어떠한 부정적 비판을 받더라도 겸허히 받아들이고, 칭찬에 놀아나는 일이 없으며, 자신의 가치가 다른 사람들의 평가에 결코 좌지우지하지 않으며, 가능한 한 다른 사람과의 비교, 경쟁을 삼가며, 상대 위주의 처세를 하며 오직 '자신만의 것에서 즐거움과 기쁨'을 찾는 경우라 하겠습니다.

한편 자부심은 자신의 가치를 인정하고 만족해하는 것은 비슷하지만, 타인의 평가가나 자신이 획득한 성과에서 자신의 가치를 찾는 경우가 확실하게 다르지요.

그래서 자부심이 강한 사람들은 크고 작든, 타인의 반응에 대해서 매우 민감하여 웃고 울고, 비통해 하며 자신을 타인에 의해 좌지우지하는 경우가 되겠습니다. 일종의 자기상실의 상태이지요. 그래서 자신이 남보다 낫다는 것을 보여주기 위해서 자신의 능력이나 업적을 과시하거나 상대방의 실수나 결점을 지적하지요.

결과적으로 자존감이 강한 사람들은 자기 가치를 자신 안에 깊숙이 뿌리를 박고 있기에 어떠한 상황에서도 흔들림 없이 안정감을 유지하며 삶의 잔잔한 기쁨을 만끽하지만, 자부심이 강한 사람들은 주위의 좋은 평판을 듣고 좋은 성과를 나타낼 때는 만족하며 행복감을 느끼지만, 비판이나 비난이 쏟아지면 휘청하며 자기상실을 하기도 하지요. 자존감은 대리석으로 만들어졌다면, 자부심은 모래 위의 탑과 같은 경우라 하겠습니다.

그렇지만, 우리 인간은 신이 아니기에, 서로 경쟁하고 비교하면서 발전하게 되고 그 결과물을 나누며 우월감을 보여주고 싶고 그로 인한 짜릿한 즐거움을 느끼고자 하는 본능이 있기 때문이지요.

자신의 존재적 내면의 가치인 자존감에 70% 정도, 돈, 권력, 명예와 같은 삶의 수단 가치에 30% 정도로 균형을 잡아 조화롭고 보람된 삶을 누리는 것이 좋지 않을까 생각이 듭니다. 자존심과 자부심의 조화, 결코 자부심에 놀아나 스스로 자멸되지 않도록 부단히 노력해야 하겠습니다.

나만의 친구

애지중지 키웠던 자식들 다 떠나니 내 것이 아니었고, 얼마 되지도 않는 돈, 통장에 있지만 사용하지 않으니 내 것이 아닙니다. 긴 머리칼 빗어 넘기며 미소 짓던 멋쟁이 그녀, 늙으니 내 것이 아니었습니다. 나는 큰 방 아내는 작은 방, 몸은 남이 되고 말만 섞는 아내도 내 것이 아니었습니다.

칠십 인생 살아보니 내 것은 없고 빚만 남은 빚쟁이처럼 그저 서럽고 처량하게 느껴집니다. 내 것이라곤 없으니 잃을 것도 숨길 것도 없고, 자랑할 것도 없고 병 없이 탈 없이 살아도 길어야 십 년, 이십 년이라는 생각에 잠을 설칠 때도 있지요. 생각하니 뭔가 잃어버린 것 같이 허전합니다.

아! 생각해보니 그나마 좋은 건 친구였구나! 좋아서 손잡아 흔들어주고 웃고 말하며 시간을 잊게 해주니 그 이상 바랄 것이 없구나!

서로에게 좋은 말을 해주고 기운 나게 하고 돌아서면 보고 싶고 그리운 사람 그런 친구가 하나둘 떠나니 왠지 슬픈 마음 그지없습니다.

친구야 ! 친구야! 그저 고마운 마음뿐인데 말아야! 우리 부디 아프지 말고, 보고 싶을 때 만나고, 가고 싶은 곳이 있으면 같이 가면 좋을 텐데. 그것도 그리 쉬운 일이 아니라는 것을 깨달을 때 그 서러움이 그지없지요.

세상이 다 변하여도 변함이 없는 건 오직 나의 친구, 자네밖에 없다는 사실을 잊지 마시게나. 내가 하고 싶은 말, 내가 할 수 있는 말, 오직 그것뿐일세.

친구라는 말을 쉽게 말하고 있지만, 우리 중고등학교 시절과 지금의 느낌과 개념도 많이 달라졌고 우정(友情)을 지속적으로 지켜나가기가 무척 힘든 상황이라 제대로 된 친구 한사람이라도 유지하기가 어려운 것 같습니다.

그렇지만, 그럴수록 만만하고 부담 없으며 나를 제대로 지켜줄 친구 한 사람은 가슴에 품고 잘 지켜나가기를 권하는 바입니다.

친구란? 가장 훌륭한 만병통치약이요, 두 몸체에 하나의 영혼이 머무는 곳이라고 하겠습니다.

"태양이 너에게 비출 때, 너는 너의 친구를 본다. 그 친구들을 통해 자신의 운명(運命)의 온도(溫度)를 측정할 수 있는 온도계(溫度計)이다."라고 볼레싱톤 백작부인의 비망록에 적혀있으며, "아버지는 보물이요, 형제는 위안이며, 친구는 보물도 되고 위안도 된다."라고 B. 프랭클린의 『가난한 리처드』라는 책에 있듯이, 친구 하나는 자신의 진실 되고 연민의 정을 가득 담아 매일매일 기도와 묵상을 통해 대화를 나누면서, 시간이 되면 함께 만남의 시간을 가져 끈끈한 정(情)의 고리를 이어나가시기를 권합니다.

씨를 뿌리고 물도 주며 비료도 주고 가꾸면서 온 정성을 다하다 보면 좋은 열매를 맺듯이 우정(友情)도 그렇게 만들어가는 것이기 때문에 모자이크 조각으로 작품을 만드는 것처럼 꾸준히 밟아 가면 될 것입니다. 모자이크 친구!

니체와 4차 산업시대

우리는 지금 과거 2천 년 간 누려보지 못했던 4차 산업혁명시대를 맞이하여 근본적으로 삶의 기준, 목표, 방식에 있어 엄청난 변화를 맞이하고 있다고 봅니다. 특히 코로나 사태로 더욱 절실하게 느끼게 되고 그로 인해 빠른 속도로 많은 인식의 변화가 오는 것 같습니다.

문제는 현실적 삶과 그것을 뒷받침해온 '종교와 도덕'의 개념과 역할에 있어 많은 변화와 수정이 불가피한 상태에 이른 것 같습니다.

우리 인간은 '사회적 동물(社會的 動物)'이라고 하지요. 사회적이란 말은 지극히 종교적, 도덕적 의미를 내포하고 있고 동물적이란 말은 동물적 본능으로 짐승처럼 살아가는 것인데, 사회적 동물인 사람을 인간(人間)이라고 하면서 '인격적 인간(人格的 人間)'이 되라고도 하지요.

여기에서 과거와 달리 21세기, 특히 4차 산업시대를 맞이하여, 삶의 우선순위가 바뀌면서 모든 문제의 접근 방법과 삶의 형태도 대전환이 오지 않을까 생각되는군요.

과거에도 이마누엘 칸트가 순수이성을 통해 이성을 비판하고, 니체가 고상하고 도덕적인 플라톤이나 기독교사상의 속성에 대한 강력한 비판을 했지만, 많은 저항을 받았지요. 일명 악동(惡童)으로 취급받았지만, 그는 결코 성경이나 플라톤의 이상적인 도덕적 가치자체를 부정한 것은 아니었거든요.

요는 인간의 욕망과 본능에 의한 쾌락, 즐거움을 만끽하는 행위 자체를 삶의 우선순위로 인정하고, 동물적 본능으로 살면서, "아! 내가 인간으로써 동물과 다른 것이 무엇인가를 자기 스스로 깨달을 때, 진정으로 영적, 도덕적 삶의 중요성을 확실하게 깨닫게 되고 보다 구도적(求道的)

삶 또는 청빈(淸貧)한 삶을 살 수 있다는 것이거든요.

그러니까 살기 위해서 어쩔 수 없이 발생하는 인간본능적(人間本能的)인 악(惡)의 근원(根原)을 일어나기도 전에 아예 '하지 마라'라는 '십계명(十戒銘)' 같은 것으로 미리 죄의식을 주지 말고 어떠한 형태로든 스스로 자연스럽게 깨닫고 스스로 극복할 수 있는 방향으로 가야만 진정 그는 창조주 하느님의 능력과 권능 그리고 무한한 사랑의 품 안에서 잘 살아갈 수 있다는 것이지요.

과거 우리 단군조선의 홍익인간 사상도 그러했고, 장자(壯子)도 '놀자! 놀자! 놀자!' 사상이 깔려 있기에 낙천적으로 삶을 일단 즐겁게 노는 법부터 알아야 진정 깨닫고 인간다운 삶을 살기 위하여 창조주 하느님을 찾게 된다는 것이지요.

그러한 과정을 철저히 거쳐서 깨달음으로 이 생명을 다할 때까지 창조주와 함께 하게 될 것이며, 지금처럼 냉담자나 광적 신자는 존재하기 어려울 것입니다.

또한 지금의 세상은 과거와 달리 시간과 공간이 자유자재로 축소, 확장되고, 세계가 일일권에서 초를 다투며, 어느 누구와도 자연스럽게 접촉, 연결, 협업으로써 계속 무언가를 창출하여야 하는데, 모든 것이 슈퍼컴퓨터(향후 양자컴퓨터)의 지배하에 지극히 보편타당한 것이 아닌 자기만의 절대적 가치나 속성이 더 이상 통하기가 어렵다는 것이지요.

인간 본능의 즐거움을 우선으로 하고 그에 따르는 부작용으로 야기되는 고통, 아픔 그리고 즐거움과 기쁨에 대한 영적, 도덕적 가치를 뒷받침하는 삶의 가치의 우선순위를 잘 설정해야 할 것입니다.

어떠한 절대적 가치로 인한 권위와 엄숙함, 제도적 의무감은 불식하고 스스로 깨닫고 믿도록 하여 자연스럽고 긍정적인 삶을 살도록 하여야 할 것이며 또한 그러한 방향으로 자연스럽게 흘러갈 것입니다.

종교나 철학에 말하는 '진리'는 삶의 목표를 제시하지만, '사실'이 운명을 좌우하거든요. 사실적으로 증명되지 않는 진리를 가지고 습관화된 삶의 유익한 가치가 손상돼서는 안 된다는 것이지요.

　부드럽고 어머니와 같은 신(神), 벌을 주고나 지옥으로 죄의식을 갖게 하지 않는 신(神), 결코 의무적이거나 냉담자가 되지 않기 위해서는 창조주 하느님의 본 뜻, '자유(自由)와 사랑'을 각자 되찾아 인간적인 삶을 살아야 하겠습니다.

어버이날의 유래(由來)

어버이날을 기념하여 좋은 글이 있기에 특별히 전하고자 합니다. 부모님 없이 이 세상에 온 사람의 한 분도 없듯이 부모님의 은덕을 입지 않은 사람도 한 분도 없을 것입니다. 그런 뜻에서 '어버이날'의 유래를 알아보는 것도 의미가 있을 것입니다.

어버이날의 유래는 본래 기독교 사순절의 첫날부터 넷째 주 일요일에 어버이의 영혼에 감사하기 위해 교회를 찾는 영국과 그리스의 풍습과, 1907년경 미국의 '안나 자비이스'라는 여성이 본인의 어머니를 추모하기 위해 교회에서 흰 카네이션을 교인들에게 나누어 준 일에서 비롯되었다고 합니다.

지금부터 약 100여 년 전 미국 버지니아 주 웹스터 마을에 '안나 자이비스'란 소녀가 어머니와 단란하게 살았는데 불행하게도 어느 날 어머니를 여의게 되었습니다. 소녀는 어머니의 장례를 엄숙히 치르고 산소 주위에 어머니께서 평소 좋아하시던 카네이션 꽃을 심었습니다. 그리고 항상 어머니를 생전에 잘 모시지 못한 것을 후회했답니다.

소녀는 어느 모임에 참석하면서 흰 카네이션을 가슴에 달고 나갔습니다. 보는 모든 사람들이 그 이유를 물었더니 소녀가 대답하기를, '어머님이 그리워서 어머니 산소에 있는 카네이션과 똑같은 꽃을 달고 나왔다.'라고 하였습니다.

안나는 그 후 어머니를 잘 모시자는 운동을 벌여 1904년 시애틀에서 어머니날 행사가 처음 개최되게 되었는데, 어머니가 살아계신 분은 '붉은 카네이션'을 가슴에 달아드리고, 어머니가 돌아가신 분은 자기 가슴에 '흰 카네이션'을 달게 하였던 것이 유래가 되었답니다.

그러다 1914년 미국의 제28대 대통령 '토머스 우드로 윌슨(Thomas Woodrow Wilson)'이 5월의 둘째 주 일요일을 어머니의 날로 정하면서부터 정식 기념일이 된 이후 지금까지도 미국에서는 5월 둘째 주 일요일에 어머니가 생존한 사람은 빨간 카네이션을, 어머니가 돌아가신 사람은 흰 카네이션을 가슴에 달고 각종 집회를 열며, 가정에서는 자녀들이 어머니에게 선물을 한답니다.

미국은 매년 5월 둘째 일요일을 어머니날(Mother's day)로, 아버지날(Father's day)은 6월 셋째 일요일로 정해 시행하고 있습니다. 또한 7월의 3번째 일요일이 어버이날(Parents' day)인데 아버지날과 어머니날이 따로 있는 미국에서는 비교적 나중에 생긴 기념일로, '빌 클린턴' 대통령이 1994년에 법률안에 서명하여 시행하게 되었다 합니다.

우리나라는 1956년에 5월 8일을 어머니날로 정하였으며, 1972년에 명칭을 '어버이날'로 바꾸어 국가적인 행사로 치르고 있는데요, 어버이날 다는 꽃 카네이션은 원래 지중해 연안에서 자생하던 패랭이과(서죽과)의 다년초로 기원전 300년경 다이안서스(Dianthus)라는 이름으로 재배되었다고 하며 지금도 그것이 학명으로 불리고 있고, 카네이션 꽃의 속명인 다이안서스는 '쥬피터의 꽃'이란 의미라고 합니다.

카네이션의 원래 이름은 '엔젤'이었다고 하며, 엔젤은 네덜란드 이름 'Anjelier'에서 유래되었으며 오늘날에는 이 이름을 사용하지 않고 영명인 카네이션으로 부르고 있으며 카네이션이란 이름의 유래에 대해서 여러 가지 설이 있다고 합니다. 카네이션 꽃말은 색상에 따라 의미가 조금씩 다릅니다.

빨간색(어버이날): 어버이에 대한 사랑, 건강을 비는 사랑.
흰 색(어버이날): 돌아가신 어버이를 슬퍼하다.
분홍색: 감사와 아름다움.

주황색: 순수한 사랑.

노란색: 경멸, 거절, 실망.

보라색: 기품과 자랑.

파랑색: 행복.

카네이션은 꽃 중에서 가장 주름살이 많은 꽃입니다. 그 주름은 부모님의 얼굴을 연상시킵니다. 아버지 어머니 두 분이 다 계시면 정말 행복한 사람이지만 한 분만 계셔도 행복한 일입니다.

어버이는 하늘과 세상을 관통하는 우리의 출구입니다. 그리고 그 이름을 부르면 언제나 마음이 따뜻해집니다. 아버지 어머니를 조용히 불러보십시오. 자기 자식은 사랑할 줄 알면서도 자기를 낳아준 부모의 사랑은 잘 모르는 요즘 사람들에게 전하고 싶은 말은 '나무는 고요히 머물고자 하나 바람이 그치지 않고, 자식은 봉양하고자 하나 부모님은 기다려 주시지 않네.'

한번 흘러가면 쫓아갈 수 없는 것이 세월이요, 가시면 다시 볼 수 없는 것이 부모님이시네. 중국 전한(前漢)의 학자 한영(韓嬰)이 쓴 시경(詩經) 해설서 구절에서 유래된 '풍수지탄(風樹之歎)'이란 말의 뜻입니다. 이 말은 부모님께서 돌아가신 뒤에 후회하지 말고 살아계실 때 잘 모시라는 뜻이겠지요.

부모 노릇하기 어렵고 자식 노릇하기도 어려운 게 현실이지만 나름으로 최선을 다하는 방법을 찾아내는 슬기를 기대합니다. 그 최선의 방법은 한 때 유행했던 노래 중에 '있을 때 잘해'라는 구절이 있었지요.

매 순간 주어진 여건에서 지극히 사소하고 평범한 것에 관심을 갖고 배려하는 습관이 제일 좋은 방법이라고 생각되는군요. 부모님께서는 그저 자식, 손주들이 잘 되기를 바라며 그 자체를 즐기시는 것 같습니다.

 # 믿음

우리 삶의 활력소요, 불가능을 가능으로 기적을 낳는 에너지가 바로 '믿음'이라고 생각게 하는 실화를 소개코자 합니다.

특히 종교적 차원에서의 창조주 하느님에 대한 믿음에 입각한 예가 참 많지요.

스웨덴의 세계적인 가스펠 가수 레나 마리아의 이야기입니다. 그녀는 '발로 쓴 내 인생의 악보'와 '해피 데이즈'로 세상에 널리 알려진 환상적인 신(神)의 목소리를 갖고 있지요.

그녀는 1968년 스웨덴의 한 마을에서 두 팔이 없고, 한쪽 다리가 짧은 일급장애인으로 태어났지요. 주위에서는 그 아이를 보호소에 맡길 것을 권했지만, 그녀의 부모는 창조주께서 주신 아이로 확신하고, 신앙심으로 정상인처럼 키웠지요.

그 결과, 그 아이는 세계 장애인 수영 선수권 대회에서 4개의 금메달을 땄고, 대학 졸업 후에는 가스펠 가수로 전 세계를 순회하며 창조주 하느님의 무한한 사랑을 전파하고 있습니다.

1995년 정상인으로써 비올라 연주가인 비욘 클링벨과 결혼하여 잘 살고 있다고 합니다. 그녀는 'MY LIFE'라는 노래에서, "오! 예수님! 당신께 제 마음과 영혼을 드리겠습니다. 나를 당신께 드리고 당신 손 위에 내 인생을 올려 두겠습니다."라고 하였지요.

위의 부모님이나 본인 자신도 부정적인 자아상(自我像)을 완전히 벗어 버리고 오직 자신의 미래를 긍정적으로 바꾸어 놓은 좋은 예가 되겠습니다.

'하늘은 스스로 돕는 자를 돕는다.'라는 말이 있습니다. 이는 자기 스스로가 확신을 갖고 최선을 다하면 필히 창조주 하느님께서 함께 하시며 끝까지 도와주신다는 뜻이지요. 우리는 어떠한 고통이나 고난을 겪는 순간에도, 진정 성공과 행복을 원한다면, '나 같은 사람이 감히'와 같은 자기비하적 고정관념에서 벗어나, '나는 할 수 있어! 하느님께서 나를 돕고 있고, 어느 누군가도 나를 돕고 있다.'라는 확신을 갖고 감사한 마음으로 최선을 다하면 될 것입니다.

나 자신을 믿고, 내가 사랑하는 사람을 믿으며, 창조주 하느님을 굳게 믿는다면 그 자체가 성공과 행복의 길로 가는 최선의 길이 될 것입니다. 한편 상대가 싫던 좋든, 옳고 그르든, 나에게 별 도움이 안 된다 하더라도 상대를 믿고자 하는 노력을 게을리 해서는 안 된다는 것이지요.

아무리 나쁜 사람일지라도 따스한 태양빛에 눈이 녹듯이 언젠가 그도 당신에게 감사하는 마음을 보여줄 기회가 올 것이며 그렇게 믿어야 할 것이며, 그러기 위해서는 항상 용서하는 마음을 열어놓아야 할 것입니다.

'믿음의 대가'는 보이지 않던 것을 보여주고 흔들리는 마음을 잡아주며 지속적으로 용기를 주기 때문입니다. 그래서 '믿음, 소망, 사랑'은 한 세트로서 모든 신앙의 핵심 요소이지요. 이 3가지를 품고 사는 사람은 창조주 하느님과 함께 하며 매사에 감사한 마음으로 평온한 삶을 살아갈 것입니다.

 자아(自我) 이미지

사람들은 자기 스스로 새겨놓은 자아 이미지에 의거 반응한다고 합니다. '나는 할 수 있어'라고 긍정적으로 생각하는 사람은 결국 성공하지만, '나는 할 수 없어'라고 생각하는 사람은 결코 해내지 못한다는 것입니다.

심리학자인 프레스 레키 박사가 자신의 학생들이 자신들의 자아 이미지에 얼마나 영향을 받는지를 실험으로 입증한 바에 의하면, 자신들의 학생들이 어떤 과목을 학습하는 데 애를 먹는 경우, 그것은 과목을 배우는 데 자신을 일치(一致)시키지 못했기 때문이라고 말했습니다.

예를 들면, 학점이 나빠서 학교를 그만둔 한 학생이 하버드 대학에 입학하여 전 과목 A학점을 받아 우등생으로 졸업한 경우가 있고, 한 시험 기관으로부터 언어를 구사할 능력이 거의 없다고 통보받았던 한 학생이 다음 해 국내 최고의 문학상을 받았다고 합니다.

사실 위의 학생들이 성적이 나빴던 것은 그들이 모자라거나 기본 능력이 없어서가 아니라 부적절한 자아 이미지의 문제였다고 합니다. 그들은 우연히 시험 성적이 나쁘게 나온 사실을 토대로 확대 해석하여 다음과 같은 결론을 내리는 경향이 있다는 사실입니다.

'나는 천성적으로 철자에 약해'라든가, '나는 시험을 볼 때마다 왜 자신감이 떨어지지' 등 점수와 실패를 동일시하는 버릇이 있었던 것이지요.

맥스웰의 성공의 법칙에 의하면, 그저 '시험에 떨어졌어요' 대신, '나는 실패자예요'라고 결론을 내리고, '그 과목에서 낙제했어요'라고 하면 될 것을, '나는 낙제생이에요'라고 말하는 경우라고 합니다. 즉 한 번의 실수나 실패를 한 평생의 실패자로 낙인을 찍고 부정적 사고에 시달리는 우매한 짓은 하지 말아야 할 것입니다.

위대한 성공은 수많은 시행착오를 겪어야 이룩될 수 있다는 만고의 진리인데 말입니다. "우리는 사뭇 용감히 노력하고도 행복을 이루지 못할 수도 있다. 그러나 우리가 우리의 기회와 능력을 분별있게 가늠한다면 덜 실수할 것이다."라고 A. 레플리는 말했고, "모든 인간들이, 자기 자신은 신(神)의 행동이요, 자기의 마음은 신의 생각이며, 자기의 생명은 신의 숨결이라고 생각하게 하라."라고 P.J. 베일리가 말했듯이, 자기 자신을 신격화하여, 무엇이든 할 수 있다는 긍정적 사고를 갖는 것이 매우 중요한 것 같습니다.

자기비하(自己卑下), 자기부정(自己不定)으로 자신(自身)을 얽매어 주저하거나 망설이다가 악(惡)의 먹잇감이 되지 말아야 할 것입니다.

운(運)이 좋은 사람

일본의 마쓰시타 전기의 창업자, 고노스케는 별로 배우지도 못한 사람이었지만, 86세에 '정경숙'이라는 정치, 경제 분야의 국가적 이념과 틀을 만들어 지금까지 이어오는 인재양성 기관을 만들었지요.

그 당시 일본도 노동조합의 힘이 막강한 상태였지만, 화합과 성숙한 조직을 위해 노조위원장을 교장으로 취임시켰다고 합니다. 그는 평소에 신입사원 채용 시 직접 면접을 보았다고 하는데, 그때마다 필히 '당신의 인생은 지금까지 운이 좋았다고 생각하나요?'라고 물어보고, 그 답이 '아니요. 운이 좋았다고 생각하지는 않습니다.'라고 말하는 사람은 아무리 성적이 좋더라도 결코 뽑지 않았다고 합니다. 그 이유는 무엇일까요?

한마디로 모든 일이 혼자만의 일이 아니라 어떠한 형태로든 모두와 관계가 있기에, 마음속에 자신의 힘만으로 된 것이 아니라 창조주 하느님의 도움을 받았던, 아니면 주위의 사람들의 도움에 대한 감사의 마음이 있기에 긍정적으로 표현하게 된다는 것이지요.

우리는 가끔 자동차 사고를 내지요. 쌍방과실로 차가 부딪쳐 앞 범퍼가 나가고 약간의 상처를 입었을 때, 어떤 이는 "이만하면 다행이네." 하면서 상대와 좋게 문제를 풀어가는 사람이 있는가 하면, 상대에게 "운전을 똑바로 하세요." 하면서 화를 내며 씩씩대는 사람이 있지요.

긍정적인 사람들은 한 기업의 조직 내에서도 모든 일을 함께 함에 감사한 마음을 갖고 있기에 그 조직은 긍정적 마인드로 서로 협업하며 업무를 창조적 시스템으로 운영될 수 있겠지만, 부정적인 사람들은 결코 원만한 협업 관계를 만들 수가 없겠지요.

"나는 상사를 잘 만났어. 나를 끝까지 믿어주었지. 정말 난 운이 좋았어." 동시에, "난 부하 직원을 잘 만났지. 부하 직원이 유능하고 열심히 해줘서 목표를 초과달성했으니까 말이야 난 운이 참 좋았어."라고 말하는 사람들의 공통점은 지극히 긍정적이고 감사한 마음을 지니고 남에게 공을 돌리는 겸허한 마음을 지니고 있다는 것이지요. 사실 감사함과 겸손함이 바탕이 되어 있는 조직은 어떠한 경우든 지속, 발전할 수 있는 기초가 되어 있다는 것이지요.

"운(運)이 좋았다."라는 말은 지금의 자신(自身)의 존재(存在)함에 창조주 하느님께 경외 드리고, 동시에 자신과 직간접적으로 관계했던 모든 사람들에게도 감사함을 갖고 있다는 것이지요. 그러하거늘, 쓸데없는 근심 걱정이나 불만 같은 것은 아예 마음에 품지 않게 될 것입니다.

사실 근심, 걱정 같은 것은 지나간 과거에 대한 것이 70% 정도고, 아직 일어나지 않은 미래의 것이 20% 정도며, 진짜 걱정해야 할 것은 10% 정도밖에 안 되는데, 긍정적인 사람들은 오직 감사한 마음으로 10%의 현실적 문제에만 집중한다는 사실이지요.

즉, 운(運)이 좋은 사람이란? 항상 매사에 '감사한 마음을 지니고 사는 사람'이라고 하겠지요. 동시에 감사한 마음에서 자연스럽게 우러나오는 '겸손한 마음을 지닌 사람'이라고도 할 수 있을 것입니다.

소크라테스의 생각

'소크라테스'하면, '너 자신을 알라'라는 말이 떠오르지요. 동시에 그의 아내인 악처, 크산티페와 관계된 우화는 매우 유명합니다.

아내는 평소에 말이 많고 성질이 고약하여 허구한 날 남이 있건 없건, 큰 소리를 지르며 화를 내거나 마구 때리는 경우가 많았는데, 제자가 하루는 그 광경을 보고 물었지요.

"왜 스승님은 아무 이유 없이 매 맞고 사십니까?"라고 물었더니, "글쎄! 난들 알겠느냐? 무슨 이유가 있겠지."라고 말하며 껄껄 웃더라는 것입니다.

또한 제자가 "왜 그런 악처와 같이 사십니까?"라고 물었더니, "마술(馬術)에 뛰어나고자 하는 사람은 난폭한 말만 골라 타지. 난폭한 말을 익숙하게 다루면 다른 말을 탈 때 매우 수월하니까 말이야. 내가 그 여자의 성격을 참고 견디어 낸다면 천하에 다루기 어려운 사람은 없겠지."라고 말했다고 합니다.

또한, 어느 날은 부인이 잔소리를 퍼붓다가 물 한 바가지를 얼굴에 퍼부었지요. 그래도 아무 반응 없이 태연하게, "천둥이 친 다음에는 큰 비가 오는 법이지."하며 참더라는 것입니다.

우리처럼 평범한 사람들은 물론, 아무리 인격적인 사람이라고 해도, 그렇게 참는다는 것은 불가능하게 느껴지지요. 아마도 소크라테스는 지극히 긍정적 사고에다가 유머 감각이 좋아 원천적으로 분노라는 감정을 잘 처리한 것 같습니다.

아니면, 지극히 책임감이 강하여 아내가 왜 그러는지를 자신도 모르는데 부부로써 그것을 알 때까지 참을 수밖에 없지 않느냐는 식의 얘기인 것 같습니다.

또한 그는 약속이나 질서, 법(法)의 준수를 매우 중요하게 생각하는 사람이었기에 어떠한 경우에도 결혼(結婚)이라는 부부간의 약속을 철저히 지킨 사람이라고 볼 수 있지요. 그는 억울하게 사형을 당하게 되었지만, '악법(惡法)도 법'이라고 하면서 법에 따라 사형 당했습니다.

소크라테스의 확고한 생각은 여하한 감정도 잘 다스렸고 자신의 생각대로의 행동으로 실천한, 생각과 말과 행동이 일치된 삶으로 사신 성인(聖人)이라고 볼 수 있겠습니다.

4차 산업시대의 핵심 요소는 소크라테스처럼 살아간다는 것은 어렵겠지만, 과거보다는 엄격하게 '생각과 말과 행동의 일치'로 어느 누구와도 자연스럽고 성실하게 소통하고 협업하며 새로운 변화를 슬기롭게 대처해나갈 수 있도록 상호 신뢰를 쌓아나가야 할 것입니다.

그러기 위해서는 그가 말했듯이, '너 자신을 알라!'라는 말이 지혜롭고 보람된 삶을 살아가는 데 매우 중요한 삶의 요소인 것 같습니다. '타타타'라는 노래 중에 '내가 나를 모르는데 내가 너를 어찌 알겠냐?'라는 가사가 있습니다. 선천적으로 선(善)하게 태어난 사람들 중에 많은 사람들이 이 복잡하고 얽힌 세상을 살아감에 있어, 자기 스스로 착하기에 무조건 자기가 옳다는 경향이 있어 그러한 사람들과의 관계, 특히 이해관계가 생기면 지극히 일방적이 되어 원만한 관계 유지나 수습이 참으로 어렵지요.

한편, 역설적(逆說的)으로, 소크라테스가 아내, 크산티페가 아니었으면, 위대한 인격(人物)이 되었을까요? 우리 모두 심도 있게 생각해볼 필요가 있다고 생각되는군요.

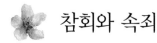 참회와 속죄

탈무드에 나오는 글을 인용하여 전하고자 합니다.

인간은 사악(詐惡)한 마음을 지녀서 쉽게 죄를 짓지만 정의(正義)는 인간에게 구원의 해독제를 제공합니다. 그 해독제는 바로 참회(Confession), 즉 뉘우침이지요. 참회는 사악한 힘이 끓어오르는 것을 막아주고 그를 완화시켜주지요. 그래서 죄악의 찌꺼기로 막혀있던 길을 환희 열어줍니다. 그러므로 참회는 그 어느 것보다도 위대하지요.

인간은 행복했을 때보다 고통스러울 때 더욱 기뻐해야 합니다. 평생 즐겁고 행복한 사람은 그가 저지른 죄가 아직 용서되지 않았음을 의미하기 때문이지요.

하지만 많은 고통과 어려움을 격은 사람은 그의 죄의 용서를 받는다는 것이지요. 그래서 지독히 가난했던 사람, 숱한 고통과 수난으로 시달린 사람은 그 자체로 용서받았다는 사실입니다. 왜냐하면 극심한 고통 속에서 이미 자신의 죄를 정화했기 때문입니다.

물론 죄를 지었다면 참회해야 합니다. 그렇지 않으면 그의 죄가 영원히 씻어지지 않거든요. 참회는 죄를 씻을 수 있는 마지막 방법이기에 죄에 대해 진심어린 부끄러움을 가진 자만이 모든 죄를 용서받게 되지요.

마음의 자책과 반성은 많은 고통의 채찍질을 이겨냅니다. 비록 온갖 악행을 저지른 사람도 그것에 합당하게 절실히 참회한다면 창조주 하느님께 용서하신다는 사실을 굳게 믿어야 할 것입니다.

탈무드에는 '어리석은 신자가 세상을 멸망시킨다'라는 말이 있습니다. 그렇다면 우둔한 신자는 도대체 어떤 사람일까요?

어린아이가 강에 빠져 있는 것을 보고도 그를 구할 생각을 하지 않고

'기도를 마칠 때까지만 기다려주시오'라고 말하고는 기도를 마친 후 아이를 구하러 갔으나 아이는 이미 익사한 상태이지요. 바로 이런 자를 가리키지요. 지금의 많은 종교인들의 자화상이라고 말하고 싶군요.

만약 고통과 아픔에 시달리고 계시다면 자신의 과거를 뒤돌아보고 회개하면 됩니다. 자신의 과거를 평가한 뒤에도 어떠한 잘못도 찾아내지 못했다면 자신의 삶의 지침이나 불경, 성경과 같은 경전을 소홀히 했는지를 반성하십시오.

그런 뒤에도 어떠한 잘못도 발견되지 않는다면 그것은 바람직한 '사랑의 고통'이라고 확신해도 될 것입니다. 사랑한다는 것은 곧 어떠한 수난과 고통도 기꺼이 받아들이고 함께 하며 기쁨을 만들어가는 과정이라고 하겠습니다.

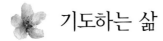 기도하는 삶

사람은 누구나 흔들리며 인생을 삽니다. 마치 나뭇가지 끝에 매달린 나뭇잎처럼, 삶에 불어 닥친 작은 바람에도 휘청대는 연약한 존재인 것이지요.

하지만 그것도 잠시여야지 하루가 멀다 하고 흔들린다면 그 자신은 물론이요, 함께하는 이들도 몹시 불안하고 함께 흔들리겠지요.

따라서 우리는 어떤 어려움 앞에서도 흔들림 없는 확고한 인생을 지켜나가야 할 것입니다. 문제는 어떻게 그렇게 할 수 있겠는가가 문제가 되겠지요.

1863년 게티즈버그에서는 남북전쟁의 운명을 가른 중요한 전투가 있었습니다. 당시 전세는 북군에 매우 불리했지만 그럼에도 링컨은 평온한 자세를 보였습니다. 그 모습을 보고 참모가 물었습니다.

"국가의 장래가 불투명한 때 어떻게 담대하고 평온할 수 있습니까?"

그러자 링컨은 답합니다.

"나는 지금껏 기도하며 국가의 장래를 하나님께 맡겼소. 기도한 대로 되어질 것이오."

기도는 일종의 자기 확신이요, 다짐이며, 전지전능하신 창조주 하느님께 모든 것을 바치며 맹세를 하는 것과 같기에, 인생의 어떤 풍파에도 흔들림 없이 견고할 수 있다는 것입니다. 비종교적인 관점에서는 '자기도취', '자기확신'이라고도 할 수 있겠지요.

지금 무언가에 흔들린다면 먼저 기도하십시오. 그리하면 더 굳건히 서게 될 것입니다.

故 마더 테레사 수녀님께서는 평생 가난한 자, 소외된 자를 돌보시면

서, 흔들림 없이 희생적 봉사로 여생을 마치신 분인데, 본인이 그렇게 흔들림 없이 기쁜 마음으로 일을 할 수 있는 삶의 원동력은 바로 '기도'로서 모든 것을 극복할 수 있었다고 말씀하셨지요.

기도와 묵상을 일상화하며 뭔가를 갈구하는 사람은 어떠한 위대한 일도 해낼 수 있다는 사실을 많은 성인들께서 말씀하고 계십니다.

'기도(祈禱)하는 자(者)' 그는 어떠한 상황에서나 두려워하거나 주저하지 않으며, 매사에 유연하게 대처하는 긍정적 자세를 갖고 있기에 자기가 할 일을 분명하게 완수합니다.

실제로 기도를 하다 보면, 쓸데없는 생각, 분심(分心)이 마구 떠올라 기도를 진지하게 할 수 없게 합니다. 무슨 일이나 그러하듯이, 많은 열정과 정성, 몰입과 같은 노력이 필요하지요.

기도 전문가에 의하면, 어떠한 분심도 그것을 미워하거나 귀찮게 대하지 말고, 친구처럼 대하라는 것입니다. 어떠한 악(惡)도 그것을 피하지 말고 기꺼이 받아들이고 잘 달래서 더 이상 괴롭히지 않게 하라는 것과 맥을 같이 하지요.

사실 분심은 우리 인간이 얼마나 나약한 존재인가를 바라보게 하여, 인간을 겸손한 마음을 갖게 함으로써, 결국 창조주 하느님께 다가가게 합니다.

창조주 하느님과 진지하게 대화하면서 마음의 평화와 삶의 에너지를 받아 지혜로운 삶을 살아가는 과정, 그것이 기도의 본질이라고 봅니다.

종교적 개념을 떠나서라도, 창조주 하느님과 자연스럽고 진지하게 수시로 기도와 묵상으로 대화를 나누는 사람은, 그 어느 누구보다도 기쁜 마음으로 보람되고 성공적인 삶을 사는 사람이라고 말하고 싶군요.

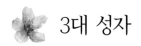# 3대 성자

우스개소리로, 오늘날의 3대 성자(聖者)는, 노자(老子), 공자(孔子), 맹자(孟子)가 아니라 보자, 놀자, 쉬자라고 합니다.

첫 번째는 '보자'입니다. 누군가 보고 싶은 사람이 있고, 나를 보고 싶어 하는 사람이 있으면 행복한 사람입니다. 나를 보고 싶어 하는 사람이 많이 있으면 잘 사는 사람이라고 합니다. 그래서 보자고 하면 무조건 달려가 만나십시오.

두 번째는 '놀자'입니다. 같이 놀 사람이 없으면 행복도 멀어집니다. 같이 놀지 않으면 자꾸 멀어집니다. 놀자는 친구가 없으면 외롭습니다. 또한 실컷 놀아봐야, 아! 하면서 '이렇게 놀기만 해서는 동물과 뭐가 다른가?' 하면서 깨닫기도 한답니다. 그래서 실컷 놀아보지 않은 사람은 보다 차원 높은 삶을 누리기가 어렵다고 합니다. 동시에 고생도 해봐야 삶의 의미를 깨닫기도 하지요.

'세상이 나를 위해 만들어진 것이지, 내가 세상을 위하여 태어난 것이 아니라고 생각한다. 그러므로 즐길 수 있는 한 즐기고 내일은 내일에 맡기면 된다고 생각하는 사람이다'라고 스몰레트는 로데리크 렌덤에서 말했습니다.

어떠한 고귀함, 성스러움, 기쁨도 재미와 즐거움이 수반되지 않으면 지속적인 행복을 느낄 수 없다는 사실을 깨달을 때 보다 차원 높은 삶을 살 수 있겠지요. 가수 싸이의 '강남스타일'의 가사 중, '머리 푸는 여자', '차를 서빙 하는 남자'처럼 놀 때 놀고, 즐길 때 즐길 줄 아는 낭만적인 삶을 말하고 있지요.

세 번째는 '쉬자'입니다. 같이 놀 친구도 좋지만, 같이 쉴 친구는 더 좋은 것입니다. 생각만 해도 마음이 편안해지고 아무런 말도 하지 않아도 부담이 없는 사람, 바람이나 물같이 어느 것에도 구애받지 않는 자연스럽고 여여(如如)한 사람을 말하는 것 같습니다. 또한 바삐 살면서 간과하기 쉬운 일들을 점검할 수 있도록 잠깐 멈췄다 가는 것이 올바른 길을 갈 수 있다는 뜻이 되겠습니다.

'만일 사람이 항상 심각하기만을 고집하고, 자신에게 재미나 휴식을 조금도 허용하지 않는다면, 그는 알지 못하는 사이에 미치거나 불안해질 것이다'라고 헤로도토스 전집에서 말하고 있습니다. 과학이 급속히 발달하고, 물질만능의 경쟁, 비교우위의 시대에 살면서 이렇게 현실적이고 마음에 꼭 다가오는 문구는 없을 것입니다.

바쁜 가운데에도 연락해서 만나고, 만나 마음껏 놀아봐야 일도 제대로 할 수 있고, 잠깐 멈춰 온 길을 뒤돌아봐야 가고자 하는 길을 제대로 갈 수 있다는, '보자', '놀자', '쉬자'의 3대 성인의 말씀을 마음에 새기며 살아야 하겠습니다.

이제부터는 과거 성인의 말씀에만 의존할 것이 아니라, 각자 성인답게 살면서 좋은 말씀을 후세대에 남기면 어떨까요?

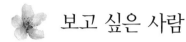 보고 싶은 사람

보고 싶은 사람이란, 아마도 눈을 감으면 슬며시 떠오르는 그러한 사람이라 할 수 있겠지요. 특히 나에게 아무 것도 바라지 않고, 자기의 모든 것을 주고자 하는 그러한 사람 중에 나를 자유스럽고 자연스럽게 대하는 매력적인 사람이 아닐까 봅니다.

사람들은 무수한 인연을 맺고 살아가지요. 그 인연 속에 고운 사랑도 엮어가지만 그 인연 속에 미움도 엮어지는 것도 있습니다. 고운 사람이 있는 반면, 미운 사람도 있고 반기고 싶은 사람이 있는 반면 외면하고 싶은 사람도 있습니다. 고운 인연도 있지만 피하고 싶은 악연도 있다는 것입니다.

우린 사람을 만날 때 반가운 사람일 때는 행복감을 느끼게 합니다. 그러나 어떤 사람을 만날 때는 그다지 반갑지 않아 무료함이 몰려옵니다.

나에게 기쁨을 주는 사람이 있는가 하면 나에게 괴로움을 주는 사람도 있습니다. 과연 나는 타인에게 어떤 사람으로 있는가? 과연 나는 남들에게 어떤 인상을 심어주었는가를 가끔 생각하게 되지요.

그러다 보면, 나도 인간미가 넘치는 사람, 한 번 만나고 난 후 다시 만나고 싶은 사람이 되고 싶다는 생각이 들다가도 시간이 지나면, 진솔하고 정겨운 마음은 사라지고 그저 덤덤한 상태에서 또는 무관심하게 사람을 대하게 되는 것 같습니다. 나는 분명 좋은 사람으로 인정을 받고 싶다는 생각이 분명히 있었는데 말입니다.

한 번 만나고 나서 좋은 감정을 얻지 못한다면, 자신뿐만 아니라 타인에게도 불행에 속할 것입니다. 보고 싶은 사람, 만나면 또 보 싶은 사람이 되고 싶다면 항상 진실 된 마음과 정성된 마음으로 지속적인 관심과 배려로 어떠한 형태로든 관계의 끈을 이어나가야 할 것입니다. 동시에 상대를 위해 자신이 해야 할 것이 무엇인지를 생각하면서 상대가 편안히 앉을 예쁜 방석을 깔아주어야 하겠지요.

언제든 만나도 반가운 사람으로, 고마운 사람으로, 사랑스러운 사람으로, 언제든 만나고 헤어져도 다시 보고 싶은 그런 사람이 되고 싶을 것입니다.

어떻게 생각하면 매력적인 사람일 수도 있겠는데, 매력은 다른 것들을 가장 빛나게 하며, 무언가를 기대하지 않은 상태에서 나타나는 것으로 겉모양의 매력도 있지만 그것은 어디까지나 정신적, 즉 내적 매력이 있어야 지속 가능할 것입니다.

'사람들을 선인(善人)과 악인(惡人)으로 분류하는 것은 불합리하다. 사람은 매력이 있느냐, 없느냐에 있다'라고 오스카 와일드가 말했듯이 인품(人品), 인격(人格), 사람 됨됨이가 매우 중요하다는 뜻이 되겠지요.

특히 요사이 젊은이들이 좋아하고 보고 싶어 하며 존경하는 사람은 감동을 주고 공감대를 형성하며 좋은 인간관계를 만들어 가는 부드럽고 포용력 있는 그러한 매력적인 사람일 것입니다.

그러기 위해서는, 그 시대 흐름과 그에 따른 시대감각을 논리적 스토리텔링 할 수 있는 정확한 언어를 습득하여 남들과 공유하며 창조적 감동 스토리를 함께 만들어 갈 수 있는 그러한 사람이 되어야 할 것입니다.

오래된 노래 중에, 현미라는 가수가 불렀던 '보고 싶은 얼굴'이라는 노래에 '눈을 검고 걸어도, 눈을 뜨고 걸어도 보이는 것은 초라한 모습, 보고 싶은 얼굴'이라는 가사가 있지요. 남녀 간의 사랑에 대한 노래이긴 하지만, 아마도 그 사람이 어떠한 상황에 처해 있더라도 목숨을 바쳐서라도 모든 것을 주고 싶은 사람이 곧 '보고 싶은 사람'이 아닐까 봅니다.

'눈 감으면 떠오르고, 보고 싶은 사람!' 바로 당신입니다.

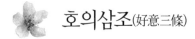

호의삼조(好意三條)

누군가에게 호의를 베풀 때는 세 가지 조건을 잘 지켜야 상대가 진심으로 고마워하고 나 또한 보람을 느끼게 된다는 뜻입니다. 이때 이러한 세 조건을 호의삼조라 부르는데, 원조(願條), 시조(時條), 은조(隱條)를 말합니다.

원조는, 상대가 절실히 원하는 것을 도와주는 것으로 목이 마른 사람에겐 물을 주고 배고픈 사람에겐 밥을 줘야하는 이치와 같습니다. '소찬만을 가지고도 호의만 넘쳐흐르면 즐거운 향연이 된다'라고 셰익스피어가 말했고, '호의를 베풀 줄 모르는 사람은, 호의를 바랄 권한이 없다'라고 푸불리리우스 시루스가 금언집(金言集)에서 말했지요.

시조는, 도움의 타이밍으로 내가 가진 것이 부족해 많이 도와줄 수 없어 좀 더 넉넉해지면 도와주려고 미루다 보면 이미 상대는 죽고 없어 내 도움이 필요 없는 상태가 될지도 모른다는 것입니다.

이처럼 도움이란 타이밍을 놓치면 의미가 없으므로 부족하면 부족한 대로 때를 놓치지 않고 도와주는 것이 중요합니다. '착한 일을 하려거든, 빨리하라. 빨리 해 주는 것이 마음에 들기 때문이다. 늦게 베푼 호의는 달갑지 않게 받아들인다'라고 아우소니우스는 경구집(警句集)에서 말했지요.

은조는, 다른 사람이 모르게 은밀히 도와주는 것을 얘기합니다. 불교에 삼무보시란 말이 있습니다. 남에게 무엇을 주는 보시를 할 때는 준 사람도 없고, 받은 사람도 없고, 주고받은 물건도 없다는 마음으로 도와줘야 올바른 보시라는 뜻입니다.

기독교 역시 같은 맥락으로 오른손이 하는 일을 왼손이 모르게 하라는 가르침이 성경에 있습니다. 도움이 절실한 사람도 자존심 때문에 공개적인 도움을 거절하는 경우가 많은 만큼 도움을 줄 때 남이 모르게 은밀히 도와주는 은조야말로 호의삼조의 핵심이라 할 수 있습니다.

한편 남을 도와줄 때는 남을 의식하거나 즉흥적, 또는 대가를 바라고 하는 것이 아닌가를 잠깐 생각해 보고 하실 것을 권하는 바입니다.

진정으로 측은지심을 갖고 상대의 입장을 고려하며 더불어 공감을 갖는 것이 아닐 때 많은 부작용을 낳는다는 사실과, 도와줬으면 그 순간 완전히 잊어버리라는 것입니다. 왜냐하면, 좋은 일을 하게 되면 보람을 느끼게 되고, 그 보람됨이 쌓여 '내가 누군데!' 하면서 우월감과 교만함에 젖게 되지요. 그 순간부터 자신의 정신 상태는 교만으로 황폐화되고 남으로부터 멀어진다는 사실입니다. 그래서 좋은 일을 한만큼 자기 수양이 따르지 않는다면 많은 것을 잃게 된다는 것을 깨달아야 할 것입니다.

원래 우리 한민족(韓民族)은 단군조선(檀君朝鮮)의 홍익사상(弘益思想)에 의거 일찍이 중국의 공자(孔子)가 우리 한민족을 군자(君者)의 백성이라고 할 정도로 남에 대한 배려, 즉 친절하고 호의를 잘 베푸는 동방예의지국(東邦禮儀之國)의 자손들로서, 그 DNA는 지금도 내재되어 있지만 대한민국 탄생 전후 급격한 변화 그리고 물질만능주의와 빨리빨리 문화, 탁월한 두뇌와 '잘 살아 보세'라는 정신 하에 온 국민의 고통과 노력으로 세계 10대 경제 강대국에 도달하였지만, 물질만능주의에 의거, 무엇을 도와주면 그에 합당한 대가를 은근히 바라고 동시에 '내가 누군데', 또는 '네가 뭔데' 하는 우월감에 싸이면서 나중에는 조금만 섭섭하게 굴거나 고마움을 못 느낄 때, 괘씸하게 생각하며 상대를 불신하고 무시하며, 그동안 쌓아왔던 모든 좋은 관계가 서서히 무너지는 경우를 많이 보게 되지요.

오늘도 누군가를 도와줄 일이 있다면, 주고도 욕을 듣지 않도록 호의삼조와 자기 자신을 잘 지키기를 바랍니다.

 양심

임마누엘 칸트는 도덕 철학을 높이 세운 위대한 철학자입니다. 그의 묘비에는 이런 글이 써있다고 합니다. '생각을 거듭할수록 감탄과 경외로 나의 마음을 가득 채우는 두 가지가 있다. 하나는 나의 머리 위에 별이 총총히 빛나는 하늘이며, 다른 하나는 내 안의 도덕 법칙이다.' 하늘의 별처럼 영원히 사라지지 않는 양심이 자기 마음속에 또렷이 빛나고 있다는 것입니다.

칸트가 도덕 법칙을 강조한 데에는 아버지의 영향이 컸다고 합니다. 어느 날 그의 아버지가 말을 타고 산길을 지날 때였습니다. 강도들이 그에게 가진 것을 빼앗은 뒤 물었습니다.

"숨긴 것이 더 없느냐?"

"없습니다."

"그럼 이제 가거라."

물건을 모두 빼앗은 강도들은 그를 놓아주었습니다. 그런데 길을 가던 칸트의 아버지는 바지춤에 몰래 숨겨둔 금 덩어리가 있음을 뒤늦게 발견했습니다. 그는 강도들에게로 급히 다시 돌아갔습니다.

"조금 전에는 경황이 없어 숨긴 게 없다고 했지만 지금 보니 이 금덩이가 남아 있었습니다. 받으십시오."

그 말에 강도들은 멘붕에 빠지고 말았습니다. 강도는 빼앗은 물건들을 돌려주면서 그 앞에 엎드려 용서를 빌었다고 합니다. 감나무에 감이 열리고 배나무에 배가 열리는 법입니다. 정직한 아버지에게서 양심의 횃불을 밝힌 위대한 철학자가 태어날 수 있었다고 봅니다.

위의 글은 우리는 아무리 사소한 것이라도 어떠한 상황에서도 어떠한 거짓말도 정당화할 수 없다는 것입니다. 어쩔 수 없는 상황에서, 모두에게 도움이 된다고 하더라도 가능하면 거짓말을 하지 않는 것이 최선의 길이라 봅니다.

사실 우리 70~80대 세대는 모든 것이 부족하고 불합리한 사회에서 살다 보니 적당한 거짓말을 하지 않을 수 없었지요.

그런데 그러한 습관이 아직도 남아 있어 별 죄의식이나 불편함이 없이 당연한 것으로도 여기고 있기에 자식 교육이나 어른으로써의 본분을 지키지 못한 면이 많다고 봅니다.

'거짓된 말은 그 자체로서 죄악(罪惡)일 뿐 아니라 영혼을 죄악으로 더럽힌다'라고 플라톤이 말했고, '진실하기에 용감 하라. 아무 것도 거짓말을 필요로 하지 않는다. 과실은 가장 거짓말을 필요로 하는데 거짓말을 하면 두 배로 커진다'라고 G. 허버트는 말했지요.

한편 주니어스는 자신의 서간집에서, '정직한 사람은 참된 종교와 같이 이해력에 호소하며, 혹은 겸손(謙遜)히 양심(良心)의 내적 증거를 신뢰한다. 협잡꾼은 논쟁 대신에 폭력을 사용하며 설득할 수 없을 때에는 침묵을 강요하고, 자기의 성격을 칼에 의해 과시한다'라고 했지요.

거짓말을 하지 않는다는 것은 방문을 항상 열어놓고 있는 것과 같아 어떠한 숨김없이 어느 누구와도 자유스럽게 소통하며 함께 지낼 수 있는 믿음과 사랑의 원천이 될 것입니다.

필히 말하고 행동해야 할 경우 침묵을 한다든지, 속마음과 달리 친절과 예의를 지킨다든지, 최선(最善)을 다해야 할 경우에 차선(次善)의 행동(行動)을 한다든지, 목숨을 걸고 지켜야 할 일을 적당히 회피한다든지, 이러한 것들이 쌓여 자신을 망가뜨리고 동시에 모든 공동체의 중심이 흔들리는 경우가 될 것입니다. 4만 불의 10대 경제 대국에서 살고 있는 우리는 그것에 걸맞은 정직한 사회를 지켜나가야 할 것입니다.

3부

국화 같은 삶

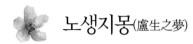

노생지몽(盧生之夢)

　늙어서의 헛된 꿈 즉, 인간의 부귀영화가 꿈처럼 다 부질없다는 뜻이라고 합니다.

　눈은 안에서 바깥을 보게 되어 있습니다. 따라서 아무리 시력이 좋은 사람이라도 자신 내면을 볼 수는 없습니다. 또 너무 멀거나 가까워도 잘 보이지 않습니다.

　공자가 어느 날 길을 가는데, 한 동자가 태양을 가리키며 공자에게 묻습니다.

　"공자님! 혹시 지구에서 태양까지의 거리가 얼마나 되는지 아십니까?"

　공자가 말합니다.

　"얘야, 그건 너무 멀어서 모르겠구나!"

　"그럼 가까운 건 알 수 있습니까?"

　"알 수 있지."

　"그럼 공자님! 눈 위에 있는 눈썹의 숫자가 얼마나 되는지 아십니까?"

　"아하, 그건 너무 가까워서 모르겠다."

　순간 공자가 한탄하면서 말합니다.

　"멀리 떨어진 것은 멀어서 모르고, 가까우면 가까워서 모르니 안다고 할 수 있는 게 없구나!"

　그런데 요상하게도 나이가 들면서 보이기 시작하는 게 하나 있다고 합니다.

　바로 자기 자신을 볼 수 있는, 즉 철이 든다는 뜻이겠지요. 어느 날부턴가 문득 내 모습이 보이기 시작하면서, 나이에 비해서 한없이 어리고 욕심도 많고 말도 많고 남을 배려하는 마음이 턱없이 부족한, 자기 고집과 옹졸함 같은 자신의 내면의 세계가 보이기 시작한다는 것이지요.

젊은 날 잘 보이던 글씨나 사물의 모습은 갈수록 희미하게 보이지만 자기 자신의 모습은 또렷하게 보이기 시작합니다. 이제는 안 보이는 것을 보려고 하기 보다는 쓸데없는 기억이나 욕망들을 하나씩 지우거나 버리는데 주력해야겠다는 생각이 들게 하지요.

말끔히 청소한다는 말이 있습니다. 방을 청소한다는 말은 외부에서 깨끗한 것을 가져 오는 것이 아니라 방 안에 있는 것을 치우거나 버리는 것을 뜻합니다.

그래서 나이가 들면 비움과 버림이 화두가 됩니다(VIOLET HAPINESS). 마음과 머릿속에 담아 놓거나 쌓아 놓은 것이 많은 사람일수록 우울증과 치매에 걸릴 확률이 높다고 하지요.

갑자기 어떤 단어가 생각이 안 나서 "뭘까? 도대체 무엇이지?" 중얼거렸더니 아내가 말합니다.

"억지로 생각하려고 하지 마세요. 필요 없으니까. 안 나는구나 하고 있으면 저절로 생각날 때가 있거든요."

참으로 명언 중에 명언이라고 생각되지 않나요? 확실히 평생 같이 살아온 친구이며 보호자격인 아내야말로 노년의 스승으로 뫼시며 사는 것이 현명한 삶이 아닐까 봅니다. 그래서 노년에는, 삶의 우선순위를 정해 놓고 수시로 점검하며 마무리를 잘하는 것도 매우 중요하지요.

아마도, 평생 같이 살아오면서, 단 한 번이라도 같은 생각과 마음을 일치시켜 보지도 못한 채 티격태격하며 살아온 부부가 꽤나 많은 것으로 알고 있습니다.

남자와 여자라는 속성 상 부부간의 일치는 죽을 때까지도 어렵겠다는 생각이 들기도 하지만 그러나 마지막 순간까지 최선을 다하며 아내로서, 남편으로서, 친구로서, 애지중지하며 삶의 최우선순위를 남편과 아내에 두시고, 그 다음에 절친한 친구나 이웃, 세 번째가 자신의 마지막 꿈을 이루기 위한 일에 집중하는 것으로 하면, 늙어 가면서도 즐겁고 기쁜 마음으로 여생을 마무리할 수 있을 것 같습니다.

당신의 삶의 우선순위는 무엇인가요?

부원병(夫源病)과 취사기(炊事期)

생식과 사냥의 임무가 끝난 늙은 남자는 가정에 짐이 된다는 만고불변의 원칙을 말하는 것 같습니다. '동물의 세계'와 '인간의 세계'가 별반 다르지 않은 듯합니다.

늙은 남자가 가정에서 살아가려면, 사냥은 못하더라도 취사(炊事)와 청소(淸掃) 정도는 직접 할 수 있어야 하는 시대에 우리는 살고 있습니다. 밥도 하고, 빨래도 하고, 청소도 하고, 분리수거도 하고, 음식물 쓰레기도 버리는 습관을 체질화할 필요가 있다는 것입니다.

가정이 평안하려면 남녀가 어느 정도 가사분담(家事分擔)을 해야 한다는 말인데, 이성으로는 납득되어도 아직까지는 실천하기가 쉽지 않은 것 같습니다. 평소에 안하던 일을 하려니 쑥스럽고, 상대가 어떻게 받아들일까 등등, '좀 더 늙으면 어떨지 모르겠지만' 하면서 미루게 되지요.

그런데 사실은, 그동안 아내가 아무 생색이 나지 않는 파출부 같은 일을 해왔다는 생각들을 가지고 있기에 나이 먹어서 그러한 일을 하는 것에 짜증스럽기도 하고 뭔가 불만족스러운 상황에 빠져 있기에, 기분 전환 또는 상황 전환을 위하여 사소하고 보잘 것 없지만 일상의 일로서 하지 않으면 안 되는, 예를 들어, 청소, 쓰레기 버리기, 설거지 같은 일을 도와주는 것을 지속적으로 맡아 하는 것도 매우 바람직할 것입니다.

거기다가 그동안 해주지 못했던, 매일같이 정성껏 예쁘게 과일을 깎아 서비스한다든지, 커피나 녹차를 정성껏 만들어 예쁜 잔에 부어 제공한다든지, 아주 잔잔한 감동적 표현을 하는 것도 좋을 것입니다.

일본 사람들은 최근에 '부원병(夫源病)'이라는 희한한 이름의 병명을 지어냈지요. 정년퇴직한 남편이 원인이 되어 생기는 병이라고 합니다. 은퇴한 남편이 집에 눌러 앉으면서 시시콜콜 참견하고, 삼시세끼 밥 차려 달라고 하면 대개의 부인들은 말다툼을 하거나 속병이 들게 되지요. 남편 때문에 생긴 이 속병을 부원병이라 부른다고 합니다.

남자들의 평균수명 50세 시대에는 이런 병이 없었겠지요. 전쟁, 전염병, 기근이라는 '3재(災)'가 없어지면서 인류는 여태껏 경험해보지 못한 장수(長壽)라는 시대에 돌입하였습니다.

아프리카 사자 무리의 습성을 보면, 수사자는 제왕의 자리에서 은퇴하자마자 곧 죽음을 맞이하는 것이 관례이지요. 젊은 수사자의 도전을 받고 무리에서 쫓겨나면 혼자서 광야를 헤매다가 굶어 죽는다고 합니다. 평소 암사자가 사냥해 오는 먹이를 편안하게 먹다가 집단에서 추방되어 혼자가 되면 사냥이 어려워진다는 것이지요. 늙은 수사자는 이런 방식으로 가차 없이 도태된다고 합니다. 이렇게 생태계는 비정하기 짝이 없지요.

인도의 힌두교에서는 50세가 넘은 남자는 임서기(林棲期)로 살게 하는 관습이 있었다고 합니다. 그동안 가족을 부양하고 사회적 책임을 다했으므로 50세부터는 가정을 떠나 숲속에서 혼자 살라는 그들만의 규율이자 지침이라고 합니다.

그래서 동네 뒷산의 원두막 같은 데서 혼자 거지같이 살든가, 아니면 지팡이를 짚고 떠돌이 생활을 했다고 합니다. 그러다보니 바라나시에 도착해서 장작으로 화장하고, 뼛가루를 갠지스 강에 뿌리는 것이 그들의 소원이었다고 합니다.

자기를 되돌아보는 수행을 하라는 종교적 의미도 있겠지만 생식과 사냥의 임무가 끝난 늙은 남자는 가정에 짐이 된다는 현실적 의미도 내포되어 있다고 보는 것이지요.

임서기(林棲期: 은퇴 후 명상 수행 고행하는 시기)가 현실적으로 실천 불가능하다면, 어떤 대안이 있을까요? 취사기가 대안일 것입니다. 부엌에서 앞치마 두르고 밥과 설거지를 하는 '취사기(炊事期)' 말입니다.

이 글을 읽고 있는 우리 친구들은 젊어 돈 많이 벌어 놨으니 큰 걱정 없겠지만, 그래도 우리 주위에 이런 코미디 같은 명언이 유행이지요.

인명재처(人命在妻): 사람의 운명은 아내에게 있다.

진인사대처명(盡人事待妻命): 최선을 다한 후 아내의 명령을 기다려라.

수신제가(修身齊家): 손과 몸을 쓰는 일은 제가 하겠습니다.

처화만사성(妻和萬事成): 아내와 화목하면 만사가 순조롭다.

순처자(順妻者)는 흥(興)하고 역처자(逆妻者)는 망(亡)한다.

아내(Wife)에게 순종하면 삶(Life)이 즐겁지만, 아내 말을 거스르면 칼(Knife)을 맞는다.

은퇴 후에 부원병 생기지 않게 마누라에게 잘해 주는 것이 노년에 원만한 삶을 위해 필수사항이라고 할 수 있겠습니다. 이것은 어디까지나 자존심(自存心)의 문제가 아니라 지극히 현실적이고 실질적인 문제로 접근하시기 바랍니다.

오늘날 남자가 처한 현실이다 보니 집을 떠나 아무 대책 없는 임처기보다는 훨씬 쉬우니 취사기 임무를 성실히 수행하여야 하겠다는 각오를 단단히 하여야 할 것입니다.

또한 '남녀평등' 사상에 입각하여, 서로가 가정을 꾸려가는 데 있어서, 상황에 따라 역할을 바꾸거나 분담할 수 있다는 것이지요. 아내가 돈을 벌어오고, 남편이 가사를 돌보는 그러한 시대가 자연스럽게 정착되지 않을까 봅니다.

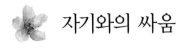 # 자기와의 싸움

"인간은, 자기 자신 이외에는 어느 누구도 생각해서는 안 되고, 무한한 자기 책임의 한복판에서 도와주는 사람 없는 이 세상에 버림받은 외톨이이며, 스스로 설정한 목적이 아니면 아무런 목적도 없으며, 이 세상에서 자기 혼자 힘으로 만드는 운명 이외에는 다른 어떤 운명도 있을 수 없다는 것을 먼저 이해하지 않고서는 인간은 어떠한 것도 이룩할 수 없다."라고 J.P. 사르트르는 말했으며, "사람은 반드시 자신(自身)을 위하는 마음이 있어야만 비로소 자기 자신을 이겨낼 수 있고, 자신을 이겨낼 수 있어야만 비로소 자기를 완성할 수 있다."라고 왕양명(王陽明)이 말한 것처럼, 자기를 확실히 알고 그것으로 자기 자신을 컨트롤할 수 있을 때 모든 인간관계가 원만히 이루어질 수 있다는 것이지요.

인생이란 알고 보면 자기와의 싸움입니다. 그래서 진정으로 싸워 이겨야 할 대상은 타인이나 세상이 아니라 '나 자신'입니다.

1953년 인류 최초로 에베레스트 산 등정에 성공한 '에드먼드 힐러리'는 소감을 묻는 기자에게, "내가 정복한 것은 산이 아니라 '나 자신'이다."라는 말을 남겼지요. 내가 내 자신을 이기면 세상도 이길 수 있지만, 내가 내 자신과의 싸움에서 지면 세상과의 싸움도 이길 수가 없다는 사실입니다.

우리는 평생 동안 자신을 어쩌지 못해 괴로워하고, 자신의 무게를 감당하지 못해 좌절하기도 합니다. 자기 자신이 최고의 자산인 동시에 때로는 최고의 적이 되기도 한다는 것이지요.

모든 것은 항상 '나'로 부터 시작해서 '나'로 귀착됩니다. 모든 것이 내곁을 떠나도 끝에 가서 남는 것은 '나'입니다. 모든 문제의 원인도 '나'요,

해결책도 내 안에 있습니다. 불안하고 화나고 슬픈 것도 '나' 때문이요, 세상과의 시비와 다툼도 '나'때문에 일어나는 현상입니다.

모든 고통도 '나' 때문에 일어납니다. 나를 괴롭히는 것은 다름 아닌 나 자신입니다. 내가 괴롭고 힘든 것은 바로 나 때문입니다. 우리는 이렇게 나에 걸려서 넘어집니다.

'나'를 제대로 알면 '나'를 이길 수 있습니다. 내가 누구인지를 깨닫게 되면 자유로워집니다. 모든 행복과 불행도 자신이 어떻게 생각하고, 어떻게 받아들이느냐에 달려있다는 사실을 잊지 말아야 하겠습니다.

이러한 과정을 통하여 자기 자신만의 것이 형성되고 그것을 계속 갈고 닦고 하여 하나의 '인격(人格)', '인품(人品)'이 되겠지요.

특히 4차 산업시대의 핵심은 지극히 본능적이고 인간적인 삶을 마음껏 즐기면서 그 가운데 "아! 인간이 동물과 다른 것이 무엇인가를 생각하게 되고 그 생각의 끝은 곧 창조주 하느님께 가게 될 것이며, 그런 가운데, 천당이나 지옥, 벌을 주는 그러한 엄숙하고 절대적인 분이 아니라 우리를 사랑하고 돌봐주시고, 우리가 원하면 항상 곁에 있어주시며 우리를 인도하시는 분, 앞에서 '무조건 따라라!'가 아니라, 동물본능처럼 더불어 살다가 힘들면 하시라도 찾아와 의논하기를 바라는 분으로 개념 설정과 접근방법을 바꿀 필요가 있다는 것이지요.

모든 것이 예측불허에, 복잡하고 힘든 세상을 맞이하여 창조주 하느님을 매일매일, 매순간 친구처럼, 존경하는 선배님처럼, 아버지, 어머님처럼 가까이하며 지내는 것이 지혜롭고 평온한 삶을 살 수 있는 길인 것 같습니다.

나만의 것을 가지고 남과 더불어 즐기고, 그런 가운데 창조주 하느님과 수시로 대화를 나누며 하느님을 통하여 세상만사 모든 고통과 즐거움을 '기쁨과 환희'로 승화시켜나가면 될 것입니다.

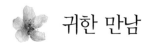 귀한 만남

극동방송 김장환 이사장의 맏아드님이신 김요셉 목사님의 성장기인데 참으로 감동적입니다.

저는 수원에서 태어나서 초등학교 3학년 때까지는 한국 학교를 다녔습니다. 초등학교 4학년이 되던 해 여름, 안식년이 되어 우리 가족은 어머니의 고향 '미시건'으로 갔습니다.

한국이라는 낯선 나라에서 외롭게 사신 어머니와 혼혈아라는 꼬리표를 달고 한국 학교를 다녔던 저와 동생들에게 그 시간은 하나님이 주신 특별한 선물과도 같았습니다.

저희는 선교관이 있는 교회의 학교를 다니게 되었습니다. 첫 등교하는 날, 학교 정문이 가까워지자 저는 가슴이 콩닥콩닥 뛰었습니다.

학교 가면 아이들이 날 좋아할까?

생김새가 비슷하니 날 놀리는 아이들은 없겠지?

공부는 따라갈 수 있을까?

엄마랑은 영어로 말은 하지만, 영어 공부를 해 본 적도 없고 영어 책도 읽을 줄도 모르는 데 말입니다.

저는 그때 ABCD도 모르는 채 4학년 교실에 배정되었습니다. 첫 시간은 어려운 단어들의 스펠링을 복습하는 시간이었습니다. 선생님은 두툼한 단어 카드를 손 안에 감추고 말했습니다.

"이쪽 앞줄부터 시작이야! 스프링!"

그랬더니 맨 앞줄 아이가 일어나서 말했습니다.

"S, P, R, I, N, G."

"좋아, 다음은 뉴스페이퍼!"

저는 들을 줄만 알지, 스펠링은 모르거든요. '첫날부터 창피를 당해서 앞으로 어떻게 학교를 다니지?' 하며 걱정이 태산이었습니다.

다음 단어를 읽기 전에 선생님이 다음 아이를 보다가 저와 딱 눈이 마주쳤습니다. 선생님은 카드를 내려놓으시고는 저를 불렀습니다.

"요셉, 앞으로 나올래?"

얼굴이 빨개져서 앞으로 나갔더니 선생님은 저더러 칠판 앞 분필을 잡으라고 하셨습니다.

'이 선생님 진짜 잔인하구나. 이제 나는 웃음거리가 되거나 바보가 되거나 둘 중 하나겠지.'

칠판을 향해 등을 돌리는 순간 선생님은 아이들에게 설명하셨습니다.

"너희들에게 얘기했지? 요셉은 한국에서 온 선교사님 자녀야. 요셉은 한국이란 곳에서 태어나서 한국어를 아주 잘 한단다. 요셉아, 선생님 이름을 한국말로 써줄래? 선생님 이름은 '샤프'야."

저는 칠판에 선생님 이름을 한글로 또박또박 적었습니다. 그것은 식은 죽 먹기였으니까요.

쓰고 딱 돌아섰는데, 교실이 난리가 났습니다. 친구들은 내가 무슨 이집트 성형문자를 쓴 고고학자인줄 아는지 탄성과 환호를 질렀습니다. 용감한 남자애가 손을 들고는 말했습니다.

"내 이름도 한국말로 써줄래? 내 이름은 탐이야."

내 이름도…, 나도, 나도…, 나는 메리야, 나는 수잔이야…

이름을 적을 때마다 아이들은 감탄하며 박수를 쳤습니다. 근심과 두려움이 순식간에 기쁨과 자신감으로 바뀌었습니다. 선생님은 저를 자리로 돌아가라고 하시며 말씀하셨습니다.

"얘들아! 요셉이 한국말을 참 잘하지? 너희도 선교사가 되려면 다른 나라 말을 이렇게 잘해야 하는 거야, 알았지?"

그때 저는 한줄기 따뜻한 빛을 느꼈습니다. 환하고 고운 빛이 내 안 어딘가에 숨어있는 어두움을 몰아냈습니다. 1년 내내 '한국말로 이름 쓰기'가 대유행이었고, 저는 학교의 스타로 급부상했습니다.

그날의 일을 떠올리면 아직도 가슴이 뜨거워집니다. '영어도 못하는 파란 눈을 가진 아이'가 될 뻔 했던 저를 선생님은 '한국어 잘 하는 아이'로 만들어 주셨습니다.

샤프 선생님은 저에게 굉장히 중요한 교훈을 주셨습니다. 웬만한 선생님은 전학 오고 영어 잘 못하는 학생은 문제 아동이고 진도 나가는 데 방해가 되는 아이로 생각해서 아무도 안 받으려고 했을 것입니다.

그런데 샤프 선생님은 저를 보셨습니다. '얘가 뭘 못하는가? 무슨 말썽을 피우는가? 얘는 무슨 문제가 있을까?'를 본 게 아니라 '제 안에 깊숙이 있는 저'를 보셨습니다.

저를 보시는 선생님의 관심은 진도가 아니었습니다. 저의 존재가 더 중요했습니다. 저를 꿰뚫어 보실 줄 아는, 그렇지만, 저를 사랑하시는 선생님이셨습니다.

제가 못하는 것도 아셨습니다. 하지만, 저의 잠재력을 더 잘 알고 계셨습니다. 한 아이를 부끄럽게 만들지 않으시고, 인생을 빛 가운데로 인도해 주셨습니다.

혼혈아로 늘 열등감에 시달려 온 저에게 '있는 그대로가 아름답다'는 강렬한 메시지를 심어 준 선생님은 저에게 자신감을 주셨습니다.

그 이후 대학 내내 장학금을 탈 수 있었던 것도, 트리니티 대학원 기독교교육학과 역사상 최연소로 박사 학위를 딸 수 있었던 것도 그때 얻은 자신감 때문이었습니다.

사람들의 만남, 그것은 창조주 하느님께서 주시는 선물이며, 그 선물은 서로 아끼며 나눌 때 감동을 주고 빛을 발휘하는 것이라 생각되지요.

지혜로운 스승은 제자의 약점보다는 최대한 장점을 찾아내어 용기를 주고 보살피며 제자의 앞길의 등불이 되어 주는 역할을 하는 것 같습니다.

복된 만남의 축복을 누리려면 복의 근원이신 만인의 창조주 하나님과의 깊은 만남이 우선 되어야 하며, 복된 만남을 감당할 수 있는 믿음을 가져야 하고, 복된 만남을 위하여 기도해야 할 것입니다.

그리고 오늘도 귀한 만남의 축복을 허락하시길 하느님께 기도하며 나도 누군가에게 샤프 선생님과 같이 되기를 말입니다.

나도 누군가에게 귀한 만남이 되는 행복하고 은혜로운 하루가 되기를 기도합니다. '믿음은 내가 보지 못하는 것을 믿는 것이고, 믿음의 대가는 믿는 것을 보는 것이다'라고 하였듯이, 선생님은 타지에서 온 미지의 학생이 기필코 잘 적응할 것이라는 굳건한 믿음과 배려가 있었기에 가능했겠지요.

샤프 선생님의 학생 하나하나에 소홀히 하지 않고 낙오자 없이 잘 키우겠다는 사명감과 강력한 믿음이 요셉 학생을 인재로 키운 것이지요. 우리나라 학교 교육은 오직 좋은 대학에 많은 학생을 보내기 위해서 소위 여건이 좋고 성적이 따라주는 학생에게만 집중하는 경향이 많지요. 이러한 교육이 결국 서로 관심과 배려를 아끼지 않고 돕는 사회공동체를 저해하는 경우가 되겠습니다.

우리 인간관계는 한 사람, 한 사람, 그리고 한 순간, 한 순간을 중요하게 생각하고 관심과 배려로 보살필 때, 그것이 모여 꽃이 되고, 열매를 맺어 전체를 이루며 진정한 화합의 공동체가 되는 것이지, 한 사람, 한 순간을 소홀히 할 때, 그것은 결코 아름다운 꽃과 열매를 맺지 못하고 시들어버릴 것입니다.

전체(全體)보다는 그 구성원 한 사람, 한 사람의 고귀한 존재감이 모여 전체를 이룰 수 있는 관심과 배려가 우선이 되어야 하겠습니다.

시운(時運)과 천명(天命)

하늘에는 예측할 수 없는 바람과 구름이 있고, 사람은 아침, 저녁(朝夕)에 있을 화(禍)와 복(福)을 알 수가 없지요. 지네(蜈蚣)는 발이 많으나 달리는 것은 뱀(蛇)을 따르지 못하고, 닭(鷄)은 날개가 크나 나는 것은 새(鳥)를 따르지 못합니다.

말(馬)은 하루에 천리를 달릴 수 있으나 사람이 타지 않으면 스스로는 가지 못하며, 사람은 구름을 능가하는 높은 뜻(志)이 있어도 운(運)이 따르지 않으면 그 뜻을 이룰 수 없는 것 같습니다.

문장(文章)으로 세상을 좌지우지하던 공자(孔子)도 일찍이 진(陳)나라 땅에서 곤욕을 당하였고, 무략(武略)이 뛰어난 강태공(姜太公)도 위수(渭水)에서 낚시를 드리우고 세월을 보냈습니다.

요순(堯舜)은 지극한 성인(聖人)이나 불초한 자식을 낳았으며, 고수는 우매(愚昧)한 인물이나 도리어 아들은 성인(聖人)을 낳았습니다. 안자(晏子)는 키가 오 척(五 尺) 미만이나 제(齊)나라의 수상(首相)이 되었고, 제갈공명(諸葛孔明)은 초려(草廬)에서 은거(隱居)하였으나 능히 촉한(蜀漢)의 군사(軍師)가 되었으며, 한신(韓信)은 닭(鷄)을 잡을 힘도 없었으나 한(漢)나라의 대장(大將)이 되었습니다.

경륜과 학식이 가득하여도 백발이 되도록 급제(及第)하지 못하는 사람이 있고, 재능과 학문이 얕아도 소년(少年)에 등과(登科)하는 사람도 있습니다. 또한 먼저는 부유하였으나 뒤에 가난한 사람도 있고, 먼저는 가난하였으나 뒤에 부유한 사람도 있지요.

교룡(蛟龍)이 때를 얻지 못하면 물고기와 새우들이 노는 물속에 몸을 잠기며, 군자(君子)도 시운(時運)을 잃게 되면 소인(小人)의 아래에서 몸을 굽히지요.

하늘도 때를 얻지 못하면 해와 달이 광채가 없으며, 땅도 때를 얻지 못하면 초목이 자라지 않습니다. 물도 때를 얻지 못하면 풍랑이 일어 잔잔할 수 없으며, 사람도 때를 얻지 못하면 유리한 운이라도 뜻이 통하지 않습니다.

대저 사람이 이 세상에 사는 동안 부귀(富貴)만을 받드는 것은 옳지 않으며, 빈천함을 업신여기는 것도 또한 옳지 못합니다. 이는 천지(天地)가 순환(循環)하며 마치면 다시 시작하는 이치와 같은 것입니다.

위의 글은 송나라 태종 때 강직하고 후덕했던 명재상 여몽정의 글입니다. 그는 과거에 급제하여 명재상까지 되신 분인데, 살아오면서 많은 변화가 있었지만, 태어남과 때를 잘 활용하여 잘 살아가는 이치를 말해 주고 있군요.

지각이 있는 사람에게는 요행이라는 것이 없다는 것과, 시종일관하는 자는 운명을 믿고, 변덕부리는 자는 요행을 믿는다는 사실, 그리고 요행으로 이루어진 것은 진정 자기 것이 아니라는 진리를 말하고 있군요.

우리 인간은 옳고 그름과 좋고 나쁨이 순환하며 우리 주위를 맴돌고 있기에, 세상을 원망하고, 조상을 탓하며 짜증스럽게 살 것이 아니라 그 흐름을 잘 타서 물이 흐르듯 유연하게 살 필요가 있는 것 같습니다.

과학적으로도 증빙된 영혼(靈魂)이 우주라는 지구별에 와서 잠깐 여행하다 가는 것이기 때문에 힌두교에서 말하듯이 여기에서 무엇인가 불편했다면, 다른 세상에서는 보다 좋은 여행을 할 수 있기에 지구에서 일어났던 어떠한 불편함과 억울함에 개의치 말라고 합니다.

모든 운(運)은 겸허히 받아들이고 그것을 잘 가꾸어 나가는 길, 그 자체로서 삶의 의미(意味)를 찾으면 될 것이지 출세하고 못하고에 신경 쓸 필요는 없다고 봅니다.

정신적 몸살

'몸살이 났다'라고 할 때, 대개의 경우, 감기로 인해, 또는 무리한 육체적 노동으로 발생하는 고통을 말하지요. 너무 심하면, 몸서리치며, 신음도 하고, 몸부림도 치지요. 육체적 고통으로 인한 몸살은 어느 정도 휴식을 취하면 회복되는데, '정신적 몸살'에 빠지면 어쩔 줄 몰라 방황하며 힘들어 하는 것 같습니다.

그렇다면, 정신적 몸살은 무엇이고, 왜 그러한 것이 발생할까요? 그것은 외로움과 고독이라는 '나 홀로' 상태에서 오는 것인데, 어려서부터 부모를 일찍 잃어 집안 형편이 안 좋아서 떠돌이 생활을 하며 제대로 가족과의 따뜻한 가정생활을 하지 못해 남과 어울리지 못하고 혼자 방황하는 경우 같은 것이지요. 그것이 습관이 되어 그저 그렇게 살아가며 힘들어 합니다.

그런데 어렸을 때부터 정신적 몸살을 지독하게 앓아온 분이 있는데, 그분이 바로 故 이건희 삼성 그룹 회장이라고 하는군요. 그는 젖을 떼자마자 할머니에게 보내졌고, 할머니를 자기 어머니로 알고 자랐다고 합니다. 초등학교 때는 일본으로 가서 몇 년 지냈고, 한국에 돌아와 고등학교를 졸업하고 또 일본으로 갔으며, 그리고 미국에서 대학원을 마쳤고, 어렸을 때는 유랑객처럼 떠돌아다니며 제대로 된 친구도 없이 혼자 외롭게 살아왔지요.

그러다 보니, 자기 처신에 대해서, 몸살이 나고, 몸서리치며, 몸부림치는 하루하루 보내며 자기만의 고독(孤獨)의 시간(時間)을 극복하기 위하여 사색(思索)을 하는 버릇을 갖게 되었으며, 그 고독한 사색은 '나는 누구인가?', '나는 지금 무엇을 하고 있는가?', '나는 무엇을 해야 하는가?' 등등, 사색하는 습관을 갖게 되었고, 그러다 보니 많은 지식과 정보를 접하며 모든 것을 자기화하여, 지속적으로 내공을 쌓고 하면서 많은 지식과 지혜를 쌓은 경우라고 생각합니다.

사실 사색을 제대로 깊숙이 하다 보면, 자신의 내면을 보게 되고, 그렇게 되면 자신의 확고하고 투철한 신념으로 모든 사람을 대하며 자신 있게 만사를 처리하게 되거든요.

대부분의 위대한 사람들은 故 이건희 회장처럼 정신적 몸살을 제대로 앓은 사람들이라고 생각되지요. 그는 정보와 기록에 집착하며, 데이터를 모으며 그 정보를 지식화 했고, 그것이 유기적으로 쌓여 전문지식이 되고, 그것이 궁극적으로 '삶과 경영의 지혜'가 된 경우이지요.

그의 습관화된 '사고중독성(思考重毒性)'은 모든 것이 생각의 자료가 되었고, 사물에 대한 관찰, 사고에 기반한 성찰의 결과는 미래를 보는 예리한 통찰력을 갖게 되었다고 합니다.

항상 지식과 정보를 수집하고 그것에 대한 생각에 빠져들어 자기만의 창조적 아이디어와 삼성 그룹의 고급 인력으로 세계적 제품을 지속적으로 만들어왔다고 봅니다.

우리나라 지도자급 사람들은 육체적 몸살은 많이 않는데 故 이건희 회장처럼 정신적 몸살을 앓아 본 사람은 많지 않은 것 같습니다. 지도자급 사람들이 아니더라도 어떠한 형태의 목적, 꿈을 달성하기 위해서는 한번쯤은 '몸살-몸서리-몸부림'의 과정을 거칠 수밖에 없는 것이고, 그것을 잘 극복했을 때 뜻한 바를 이룩하며 삶의 보람을 느끼게 되겠지요. 물론 주위의 직간접적인 도움이 필요할 것입니다.

사실, 이건희 회장은 한마디로 아버지, 故 이병철 회장의 철저하게 계획된 후계자로서의 '경청(傾聽)', '온유(溫裕)', '결단(決斷)'이라는 덕목(德目)을 이어받아 세계적 기업으로 우뚝 세웠지요. 아마도 삼성은 세계적 정보망에 있어 톱(TOP) 10에 속한다고 봐야 할 것입니다. 나이 불문하고 '꿈이 있는 자'는 시간, 나이는 물론 어떠한 몸살, 몸서리, 몸부림도 순간적으로 나타나 사라질 것입니다.

관심(關心)과 배려(配慮)

'자신을 이끌려면 머리를 사용하고, 남을 이끌려면 가슴을 사용하라.' 는 말이 있습니다. 관심과 배려는 마음속에서 우러나오는 '사랑과(愛科)' 에 속하거든요.

어떠한 진리(眞理)도, 아름다움도 사랑이 없다면 무슨 의미가 있을까요? 관심과 배려는 지극 정성의 노력, 그에 따르는 고통, 희생, 수난을 기꺼이 수용하는 행위, 이 또한 사랑과에 속하는 것으로 마다하지 않고 모든 것을 기꺼이 받아들이는 것이지요.

인간관계는 지극히 복잡하게 이해관계가 얽혀 있어, 순간순간 해결하며 가야 할 일이 많기 때문에 진심어린 마음으로 최선을 다해야 한다는 것이지요.

그런데 상대방이 어떤 생각과 마음을 갖고 받아들이느냐에 따라 다르기 때문에 상대방에게서 호감을 얻는 것은 워낙 어려운 일이지요. 또한, 상대방에 배려하거나 상대방의 다름을 온전히 인정하는 과정이 필요하기 때문입니다.

짧은 거리는 혼자서 빨리 갈 수 있지만, 인생이라는 장거리를 가는 데는 함께 가면 쉽게 목적지에 도달할 수 있는 것처럼, 우리는 서로 관심과 배려를 아끼지 않고, 함께 더불어 갈 수밖에 없음을 깨달아야 할 것입니다.

그런데 사람은 깨지기 쉬운 존재(存在)이기 때문에 사람을 조심스럽게 다뤄야 한다는 것이지요.

우리 주변에서 가장 잘 깨지는 것은 유리병입니다. 그러나 이 유리병보다도 더 약한 것이 바로 사람의 마음이거든요. 온도가 조금만 달라져도 깨지고, 서운한 말 한마디에 무너져 내리기도 합니다.

그리고 그 상처 입은 마음은 깨진 유리조각처럼 가까이 있는 사람들에게 상처를 주기도 하고요. 관계는 사람들의 마음이 연결될 때 형성되는 것인데, 관계(關係)도 마음처럼 약하기 때문에 유리병처럼 쉽게 깨지고 상처를 입는 것이지요. 특별히 조심해서 다루지 않으면 한순간에 무너져 버리는 것이 곧 인간관계입니다.

절대 깨지지 않는 관계란 없습니다. 모든 관계는 특별한 보호를 통해 관리될 때만 지속될 수 있습니다.

아름다운 관계는 관심과 배려에 의해서만 만들어지고, 부드러운 관계는 부드러운 마음을 통해 만들어지며, 좋은 관계는 좋은 것들이 투자되어야 만들어지는 것이라 할 수 있겠습니다. 조심하지 않으면 쉽게 깨지는 것이 인간관계이기 때문이지요.

'신뢰 받는 것이 사랑 받는 것보다 더 큰 찬사다.'라는 말이 있듯이 평소에 꾸준한 관심과 배려로 상대방과의 끈끈한 신뢰 관계를 유지하는 것이 지속적으로 좋은 관계를 유지할 수 있는 최선의 방법일 것입니다. 그렇게 함으로써, 위대한 업적이 이루어지고, 위대한 창조도 가능할 것입니다.

모든 위대한 창조는 자기 자신에 대한, 그리고 타인에 대한 관심과 배려 속에서 싹트고 꽃이 피며 열매를 맺는다는 사실을 명심하면서 오늘 하루를 힘차게 시작하시기를 바랍니다.

당신은 관심과 배려로 가득 찬 매력적인 사람이기에 존경합니다. 당신이 있기에 오늘도 저는 기쁜 마음으로 세상을 맞이할 것입니다.

귀생(貴生)과 섭생(攝生)

대추나무에 대추를 많이 열리게 하려면 염소를 매어 놓는다고 합니다. 묶여있는 염소는 특성상 잠시도 그냥 있지 않고 고삐를 당기며 나무를 흔들어 괴롭힙니다.

그러면 대추나무가 잔뜩 긴장하면서 본능적으로 대추를 많이 열도록 하여 열매를 번식시키려는 필사적 노력을 하게 된다는 것입니다(생존의 본능). 식물들이 위기를 느끼면 씨앗 번식에 전력을 다하는 것은 생명에 위기를 느낀 소나무가 솔방울을 많이 만드는 데에서도 볼 수 있는 현상입니다.

우리 몸도 그냥 편히 두면 급속히 쇠퇴하고 질병과 노화에 취약해집니다. 적게 먹고 많이 움직이고 굽혔다 펴기도 하고 흔들어 주고 문질러 주고 비틀어 주기도 하여야 생기가 살아나고 더욱 발랄해진다는 것이지요.

노자는 이러한 논리를 귀생(貴生)과 섭생(攝生)으로 설명했습니다.

자신의 생을 너무 귀하게 여기면 오히려 생이 위태롭게 될 수 있고[귀생(貴生)], 자신의 생을 적당히 불편하게 억누르면 생이 오히려 더 아름다워질 수 있다[섭생(攝生)]는 가르침입니다(자연의 법칙).

'선섭생자, 이기무사지(善攝生者, 以基無死地)' 섭생(攝生)을 잘 하는 사람은 죽음의 땅에 들어가지 않는다는 말이라고 합니다.

내 몸을 적당히 고생시키는 '섭생'이 '건강'한 생을 산다는 것을 설파한 노자의 지혜가 오늘날에 더욱 돋보입니다.

그래서 '고생은 사서도 한다'라는 옛말이 있고, 집에서 애지중지 키운 나무는, 결코 야생의 나무처럼 어떠한 환경에서도 버틸 수 있는 힘이 없다는 사실과 같지요.

삶에 있어, 진정 보람되고 행복한 삶을 원한다면, 모든 기쁨과 행복은 '고통과 고난'의 텃밭에서 자라 아름다운 꽃과 열매를 맺는다는 사실을 깨달으며 살아가는 것이지요.

수천 년 동안 나라가 없이 떠돌이 신세였던 유대인 민족은 '온 힘을 다하여, 온 정신을 다하여, 온 마음을 다하여'라는 토라라는 이름으로 어떠한 환경과 역경 속에서도 살아남아 전 세계 인류의 0.3%도 안 되는 인구로 전 세계의 정치, 경제, 사회, 문화 모든 분야를 좌지우지하는 강력한 민족이 되어 있지요.

우리 대한민국도 단군의 홍익인간 사상에 의거 짧은 기간 내에 기적과 같은 경제대국을 이루었듯이 나머지 모든 분야에 있어서도 유대인을 초월할 수 있는 기하급수적 지속발전 시스템을 하루 빨리 만들어 4차 산업혁명의 리더 국가가 되기를 간절히 바라는 사람 중에 하나이지요.

외람된 얘기이지만, 2012년부터 저는 덤으로 사는 인생을 우리 대한민국만의 민족사상, 즉 '홍익인간'에 근거하여 과거 공자(孔子)가 우리 민족을 '동방예의지국(東邦禮儀之國)' 또는 '군자(君子)의 나라'라고 하면서 한반도에서 살고 싶다고 할 정도의 문화국가(文化國家)와 세계 최고의 '한글'이라는 언어(言語), 기후, 두뇌 등등을 총합하여 강력한 에너지를 만들어 지속발전할 수 있는 텃밭을 형성하여 후세대에게 물려주고자 하는 생각으로 지금에 이르렀지요.

그러다 보니 나도 모르게 삶의 보람도 느끼고 건강해졌으며 '제2의 인생(人生)'을 즐길 수 있다는 것은 곧 마지막 날까지 막연하나마 '꿈'을 품고 살기에 나이를 잊고 사는 것 같습니다. 또한 저와 함께 하는 가족, 친구, 모든 사람들에게 늘 감사하지요. 우리 모두 함께 해요.

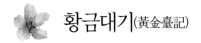
황금대기(黃金臺記)

　도둑놈 셋이 무덤을 도굴해 많은 황금을 훔쳤습니다. 축배를 들기로 해서, 한 놈이 술을 사러 갔지요. 그는 오다가 술에 독을 탔습니다. 혼자 다 차지할 속셈이었지요.

　그가 도착하자 두 놈이 다짜고짜 벌떡 일어나 그를 죽였습니다. 그새 둘이 황금을 나눠 갖기로 합의를 보았던 것이지요. 둘은 기뻐서 독이 든 술을 나눠 마시고 공평하게 죽었습니다. 황금은 지나가던 사람의 차지가 되었습니다.

　이 이야기는 연암 박지원의 '황금대기(黃金臺記)'에 나오는 얘기입니다. 애초부터 황금을 도굴한 자체가 잘못된 것이었고, 황금을 본 뒤로는 세 명 다 눈이 뒤집혀 모든 것이 잃게 된 상황이지요. 요사이 우리나라 정치판과 비슷한 것과 같군요.

　권세(權勢) 또한 마찬가지입니다. 권력(權力)을 잡고 나면 안하무인(眼下無人), 보이는 것이 없게 마련이지요. 내 것만이 옳고, 남이 한 것은 모두 '적폐(積弊)'로 보일 뿐입니다.

　또한 욕심의 탑을 쌓아가며, 마음 맞는 자들이 작당을 하여 더 많은 것을 차지하기 위함이라면 도둑이 술병에 독이 든 것을 모르고 마시듯이 말입니다. 자신이 죽는 줄도 모르면서 패가망신(敗家亡身)의 길을 자초하고 마는 것이 아닐까요?

　까닭 없이 갑작스레 큰돈이 생기면 의례히 경계를 해야 하고, 갑자기 권세의 자리가 주어지면 나에게 합당한 것인가 다시 한번 자신을 뒤돌아보아야 망신(亡身)은 물론이거니와 죽음도 면할 수 있을 것인데 말입니다. 길을 가다가 뱀을 만나면 누구나 머리카락이 쭈뼛하여 멈추지 않을 사람이 어디 있겠습니까?

"황금과 권력은 귀신이요, 독사와 같다."라고 합니다. "말로 되지 않는 것은 황금(黃金)으로 될 것이다."라고 E. 워드는 말했고, "황금은 살아있는 신(神)이니, 덕행(德行)을 제외한 속세(俗世)의 모든 것을 멸시하며 지배한다."라고 P.B. 셸러가 말했으며, "오늘 날은 황금만능의 시대다. 우리 모두가 복종하니 황금은 폭군이다."라고 H.F. 촐리가 말했듯이, 황금 앞에서는 거의가 이성을 잃고, 자신의 올바른 길을 벗어나는 경우가 많지요.

보면 피해야 하고, 오직 땀 흘려 얻은 것만이 진정 내 것이라는 생각을 확실하게 지니고 살 때, 자기 자신은 물론 타인과의 원만한 관계를 맺으며 하나의 유익한 삶의 공동체를 만들어 갈 수 있을 것입니다.

오늘날 우리나라 정치판이 '내로남불'이라는 세계어를 만들어 퍼트리고, 전 정부 탓, 언론 탓 하는 국회의원이나 대통령 모두가 '황금대기'의 주인공들과 무엇이 다른지 잘 모르겠군요.

그런데 이 모두가 우리 국민이 선택한 사람들이기에 우리 국민 스스로가 그러한 정서를 갖고 있는 것이 아닌지 뒤돌아볼 필요가 있지 않을까요?

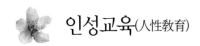

인성교육(人性敎育)

미국 마이애미 롱비치 법정에서 있었던 실화를 소개하고자 합니다. 남편 없이 홀로 두 아들을 키우며 정성을 다해 하나님을 섬기며 살아가는 중년 미국 여성분이 있었습니다.

어느 날 아들 형제가 동네 한구석에서 전쟁놀이를 하고 있었습니다. 그때 그 지역의 유력한 저명인사가 말을 타고 그곳을 산책하다가 하필 아들 형제의 죽창이 저명인사가 타고 있던 말의 눈을 찔러, 놀란 말이 펄쩍 뛰는 바람에 말과 저명인사가 낭떠러지에 떨어져 죽게 되었습니다. 말에서 떨어져 죽을 사람도 문제인데 그 말의 가격도 자그마치 천만 불이 넘는 세계에 몇 마리밖에 없는 엄청 비싼 말이었습니다.

두 아들이 재판을 받게 됩니다. 판사가 형제 둘에게 누구의 죽창이 말의 눈을 찔렀느냐고 묻습니다.

두 형제는 서로 자기가 쏜 죽창이 말의 눈을 찔렀다고 주장했습니다. 서로 자기가 범인이라고 자청합니다. 판사가 마음씨 아름답고 형제 우애(友愛)가 남들은 그 형제의 어머니를 재판정에 불러 세우고,

"부인, 한 아들만 사형에 처하면 되는데 형제가 서로 자기 죽창에 말의 눈을 찔렀다고 주장하니 부인이 한 아들을 정하도록 하시오!"

한참 침묵을 지키더니 기도가 끝난 부인이 하는 말,

"작은아들을 사형에 처해 주십시오."

판사가

"왜 작은아들입니까?"

"판사님, 큰아들은 전처(前妻)의 아들이고 작은아들은 제가 낳을 아

들이기 때문입니다."

"아니, 부인! 자기 몸으로 낳은 아들이 더 귀하고 살려야 하지 않겠습니까?"

"판사님, 옳은 말씀입니다. 제 몸으로 낳은 아들이 더 귀하지요. 그러나 저는 그리스도인이고 하나님의 자녀로서 교회에서 배우고 익힌 나의 삶은 오직 하나님의 영광을 위해 사는 삶입니다. 그런데 제가 큰아들을 죽게 한다면 하나님께 영광이 되지 않기 때문입니다."

장내가 숙연해 지고 재판정이 쥐 죽은 듯 고요 속에 묻혀 있을 때 방청객들은 물론, 부인의 말에 감동받은 판사가 힘을 주어 근엄한 음성으로,

"부인! 지금까지 30년 넘게 재판 하면서 오늘과 같이 감동 받기는 처음입니다."

두 아들도 또 그 어머니도 미국사회를 아름답게 선도 할 모범적 가족이라고 판단한 판사는 힘주어 판결문을 낭독합니다.

"내가 판사의 권한으로 두 아들을 무죄로 석방한다."

그러기에 오늘날 미국이라는 나라가 많은 과오와 실수를 범하지만, 세계를 이끌어 갈 수 있는 미국의 원동력이 여기에 있습니다. 두 아들의 아름답고 기특한 정신, 또 숭고한 신앙생활을 바탕으로 전처의 아들과 친자식을 함께 키우며 두 아들이 서로가 자기가 범인이라고 주장하게끔 한 엄마의 인성교육과 가정교육과 인간성을 바로 세우도록 교육한 그 어머니의 숭고한 모습이 오늘의 미국이라는 나라를 대변하고 있는 듯합니다.

일제 때, 안중근 의사 어머님께서 아들에게 "자기 목숨을 나라를 위해서 기꺼이 바쳐라. 결코 주저하거나 망설이지 말고 기꺼이 하라."라는 말씀을 옥중에서 사형선고를 기다리는 아들에게 하신 말씀이 있었듯이, 과거에는 훌륭한 어머니의 교육이 있었던 것 같은데, 유감스럽게도

지금은 오직 자식이 잘 되기만을 바라며 돈, 권력 같은 것에 우선하며 이 사회, 국가에 대한 충성하고 애국하며 서로 아끼고 돕는 마음은 잊은 채, 숭고한 인성, 인격 교육은 아예 남의 나라 일 같은 느낌마저 듭니다.

그 귀하고 존엄 된 국경일(國慶日)에 각 집마다 태극기를 달고 기념하는 것이 지극히 지당한 일인데, 정말 부끄럽기 짝 없이 열 집에 한 집 꼴도 안 되는 현상을 볼 때, 과연 이 나라 지도자들이나 어른들의 생각과 마음 자세를 무엇인지를 도저히 이해가 안 되는 경지에 이르렀습니다.

우리 모두는 창조주 하느님께서 우리에게 하시는 말씀, 즉 양심(良心)과 상식(常識)에 입각하여 남과 더불어 살아가도록 자식 교육에 우선해야 할 것입니다.

이러한 감동적인 스토리는 모든 인간의 창조 하느님의 뜻을 굳게 믿고 그에 따라 부모가 솔선수범하여 자식을 교육시킬 때 자연스럽게 인성과 인격이 형성되어 남과 더불어 삶의 공동체를 만들어 보람되고 창조적인 삶을 살게 될 것입니다. "믿음", "소망", "사랑"을 그저 품고 사시면 그 자체가 행복의 근원이 될 것입니다.

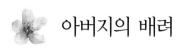 아버지의 배려

저는 서른이 다 되어가는 취준생입니다. 요즘 코로나 상황이라서 그냥 부모님께 뭐라도 하는 것을 보여주려 도서관에 매일 출근 도장을 찍습니다. 5시쯤 집에 들어가니 어머니가 약속이 있어 나가셨고, 아버지만 계셨습니다.

아버지는 맛있는 것 시켜먹자고 하셨습니다. 돈도 못 벌면서 부모님 돈으로 저녁을 때워야 하는 상황이 매우 불편하지요. 그래도 아버지께서 오랜만에 함께 소주 한잔하자고 하셔서 족발과 쟁반국수를 시켰습니다.

그런데 시킨 지 1시간이 넘는데도 음식은 도착하지 않았습니다. 난 조금 짜증이 나서 족발집에 전화를 걸었습니다. 떠난 지 30분이 넘었는데 이상하다고 했지요.

'비가 많이 와서 그런가?'라는 생각으로 아버지와 어색하게 TV를 보며 30분을 더 기다렸습니다. 그제야 초인종이 울렸습니다. 나는 좀 따지려는 마음으로 문을 열었습니다.

그런데 배달 온 사람의 몰골이 말이 아니었습니다. 비에 홀딱 젖어있었고, 대뜸 "죄송합니다. 오던 길에 빗길에 오토바이가 미끄러져 넘어져서 수습하고 오느라고 늦었습니다. 돈은 받지 않겠습니다."라고 말하는 것이었습니다.

그런데 음식은 먹기에 민망할 정도로 불어있었고 또 엉망이 되어있었지요. 뭐라 한마디도 못 하고 있는데 아버지가 현관으로 나오시더니 이렇게 말씀하시는 것이었습니다.

"미안합니다. 이렇게 비가 많이 오는데 음식을 시킨 저희 탓입니다. 다

치지는 않으셨습니까? 당신의 책임감으로 오늘 우리 부자가 맛있는 음식을 먹을 수 있게 되었습니다."

그러면서 아버지는 음식값과 세탁비까지 건네주었습니다. 그러자 배달원은 펑펑 눈물을 흘렸습니다.

나는 아버지가 자랑스러웠습니다. 고마울 일이 하나 없는 코로나와 무직 상황에서도 이상하게 감사한 마음이 흘러나왔습니다.

실제로 이 이야기는 아버지의 아들이 '배달 중 넘어져서 음식이 섞여서 옴'이란 제목으로 SNS에 올려 화제가 되었습니다. 아들은 이런 말도 덧붙였습니다.

'절대 절대 절대로 돈을 적게 벌든 많이 벌든 다른 사람의 직업을 하찮게 생각해서는 안 되고 내가 그렇게 살 수 있는 걸 항상 고맙게 생각해야 함.'(참조: '아들도 감동한 아버지의 배달원 대하는 태도', 유튜브 채널, KMIB)

이렇게 사랑이 가득한 마음은 타고나는 걸까요? 살면서 삶 속에서 노력으로 체득하는 것일까요? 한없이 높은 곳에 자리할 수 있는 사람은 바로 저렇게 값없이 자신의 마음을 내어주는 품격 있는 인격을 가진 사람일 것이라는 생각이 듭니다.

사람의 가치가 돋보이는 것은 어려운 가운데서도 변함없는 감사한 마음과 겸손한 마음으로 낮은 곳에서 사람을 존중하고 사랑하고 배려하는 마음일 것입니다.

스스로를 사랑과 겸양으로 쌓아가는 이치, 이것은 세상이 아무리 변해가도 우리가 지켜가야 할 참 가치일 것입니다. 나보다 약하고 어려운 이, 슬프고 외로운 이를 절대 외면하지 않고 측은지심으로 가슴에 품는 사랑의 마음 말입니다.

우리 가슴에도 저분의 아버님처럼 사람을 존중하고 배려하는 사랑이 넘쳐 세상을 밝히는 고운 향으로 피어났으면 얼마나 좋겠습니까? 이와 비슷한 그러나 보다 감동을 받을 수밖에 없는 말 한마디!

저의 고등학교 시절, 몇 친구들이 덩치 큰 한 친구에게 본의 아니게 사제 폭탄을 잘못 던져 온몸이 피투성이 되어 응급실에 누워있을 때, 선생님과 학교를 대표하는 한 친구가 함께 병원에 찾아가서 위로의 말씀을 드렸는데, 오히려 어머님 말씀이,

"애야! 너무 슬퍼하지 말거라. 너희 때는 무엇을 알고 했겠니! 어떻게 하다 이런 일이 생긴 거지."

그 말씀에 감동받아 평생 본인 마음속에 품고 인간관계로 말 못할 근심과 고통에 시달릴 때 하나의 길잡이가 되어 지금에 이르렀다고 합니다. 그 친구는 어렸을 때 아주 외딴 시골에서 살았는데 집안의 여러 가지 문제로 초등학교도 제대로 다니지 못하고, 전전긍긍하다가 운이 좋게 서울에 와 지인의 도움으로 학교생활을 할 수 있었던 친구로서 삶의 여정이 순탄치 않았던 그였지만 '온유하고 모든 것을 용서하시며 감싸는 마음'을 품고 살았기에, 숱한 결정적인 고통과 고난을 이겨내고 모 대학 학장을 지내셨던 분이지요.

어떠한 긴박한 상황에서도 여유롭고 차분한 마음으로 상대를 위로하는 자세, 그것은 남과 함께 함에 감사한 마음이 가득하기에 가능할 것입니다.

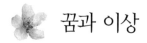 꿈과 이상

1970년 미국에서 발간된, 전직 비행사인 리처드 바크가 쓴 『갈매기의 꿈』이라는 단편소설에 의하면, 세 가지의 부류의 갈매기를 의인화하여 우화 형식으로 여러 부류의 인간상을 보여주지요.

첫째 부류의 인간: 새로운 것에 대한 도전은 갈매기들의 군집 생활에 해를 끼친다고 생각하며 어떠한 도전도할 생각조차 하지 않는 부류로써, 자아실현이나 자유 등 자기만의 것을 갖지 못한 채, 그저 군집생활에만 익숙한 대다수의 갈매기로서, 자신과 생각이 다른 갈매기들을 무리에서 따돌리거나 추방도 서슴지 않고 행하지요. 이러한 현상은 아마도 우리 어린 학창 시절 왕따 당하는 경우와 같은 맥락일 것입니다.

둘째 부류의 인간: 소설의 주인공처럼, 기존의 정형화된 틀 또는 고정관념에서 벗어나, 과감하게 도전을 통해 자아실현이라는 꿈을 이루고자 숙명으로 알고 먹이를 위한 것만 아니라, 비행 자체를 즐기며 새로운 삶을 개척하기 위하여 용기를 내어 개척자와 같은 역할 하는 것이지요.

셋째 부류의 인간: 여기에서 말하는 부류는, 초월적 단계에 도달한 성인(聖人) 또는 위인(偉人)과 같은 부류로서, 지극히 극소수에 해당되는 사람들을 포함하여, 말없이 이 사회에 소외되고 고통 받고 있는 사람들을 돌봐주는 지극히 평범한 사람들, 지식인 또는 지도자급 인사들로서 '초월적인 경지에 도달한 사람'들을 말하지요.

조나단과 같이 자아실현을 넘어 '초월적 경지'에 도달한 사람들로서, 자신의 경험과 지식을 바탕으로 한 지혜로움을 가지고, 자신을 따르는 모든 갈매기(비행사)들에게 비행술을 가르치는 과정을 갖게 되는 것 같습니다. 인재를 키우는 교육 과정을 통해 삶 또는 사회 발전에 기여하게 된다는 것이지요.

마지막 부문에서 조나단은 동료 갈매기(비행사)들에게 결코 눈앞의 이익에만 매달리지 말고, 자신만의 꿈과 이상을 추구하며 살아갈 것을 당부하며 떠난다는 내용을 싣고 있습니다.

그렇다면, 희망(希望)과 이상(理想)은 무엇인가? 아마도 희망은 그 자체가 일종의 행복이며, 이 세상에 베풀어주는 주된 행복이고, 특히 나이든 사람들에게는 나이 자체를 잊게 해주는 만병통치약이라고 해도 과언이 아닐 것입니다.

희망은 희망을 추구하는 어떠한 고통과 곤경에 빠져있는 모든 이들을 결코 버리지 않기 때문입니다. 동시에 희망은 곧 믿음을 갖게 하는 핵심 요소로서 위대한 희망은 위대한 삶으로 초대하지요. 이상주의자(理想主義者)는 한마디로 '남을 돕고자 하는 자'라고 해도 무방할 것입니다.

"사실(事實)이 이상(理想)과 결합했을 때 세상에서 가장 큰 힘을 얻는다. 그것은 어떠한 무기, 돈, 학식보다도 위대하다. 그 모든 것의 공통분모(共通分母)가 되기 때문이다."라고 C.W. 에커먼이 말했듯이, 이상을 안내자로 삼고, 그것을 따름으로서 원하는 목적지에 다다르게 될 것입니다. "희망(希望)"과 "이상(理想)"을 항상 품고 사시기를 바랍니다.

희망(希望)과 절망(絕望)

런던의 길 한 모퉁이에서 구두를 닦는 소년이 있었습니다. 빚 때문에 감옥에 갇힌 아버지를 대신하여 집안 살림을 꾸려 나가야 했던 것입니다. 소년은 매일 새벽부터 밤늦게까지 행인들의 구두를 닦았는데, 단 한 번도 인상을 찌푸리는 일이 없었습니다.

늘 콧노래를 흥얼거리며 밝게 웃는 모습이었습니다. 의아하게 여긴 사람들이 소년에게 물었습니다.

"구두 닦는 일이 뭐가 그렇게 좋으니?"

그때마다 소년의 대답은 한결 같았습니다.

"당연히 즐겁지요. 저는 지금 구두를 닦는 게 아니라 희망을 닦고 있거든요."

이 소년이 바로 『올리버 트위스트』, 『크리스마스 캐럴』 등을 써서 19세기에 셰익스피어에 버금가는 인기를 누린 천재작가 '찰스 디킨스'입니다.

소년 시절 찰스는 일반 사람들 눈에는 불쌍하게 보일 수밖에 없는 불우한 소년이었습니다. 그런 그가 삶을 비관하지 않고 오히려 콧노래를 부를 수 있었던 비결은 바로 '희망, 꿈'이었습니다. 희망이 있는 한 결코 절망은 존재할 수 없거든요. 특히 근심, 걱정, 망설임 같은 것은 더욱 그러하지요.

절망감이 엄습할 때 절망을 상대로 씨름해서는 절망을 벗어나지 못합니다.

하지만, 절망이 밀려올 때 절망을 보지 않고 희망을 붙들면 절망은 발붙일 틈이 없어지게 됩니다. 이러한 현상을 '대체(代替)의 법칙(法則)'이라고도 합니다.

심리학에 기초를 둔 이 원리에 의하면 사람의 뇌는 동시에 두 가지 반대 감정을 가질 수 없다고 합니다. 즉, 사람의 머리에는 오직 한 의자만 놓여있기 때문에, 여기에 절망이 먼저 앉아버리면 희망이 함께 앉을 수 없고 반대로 희망이 먼저 앉아 버리면 절망이 함께 할 수 없다는 것입니다.

내가 불안해하고 있는 동안에는 나에게 평안이 올 수 없고, 내가 평안을 선택하면 불안이 들어오지 못 합니다. '의자는 오직 하나'라는 것입니다. 그러므로 우리는 끊임없이 희망을 가져야 합니다.

'희망을 가질 수 없는 곳에서 희망을 갖는 것이 유일한 희망이다.'라는 말이 있습니다. 도저히 희망을 가질 수 없는 상황일지라도 계속 좋은 것만 상상하시기 바랍니다. 그것만으로도 충분합니다.

계속해서 희망을 품는 것이 절망을 이기는 가장 좋은 방법입니다. 왜냐하면, 우리 뇌는 부정적이고 위험한 것에 우선적으로 처리한 다음, 시간적 여유가 생기면 긍정적이고 안전한 것을 처리하는 경향이 있어, 항상 의식적으로라도 긍정적 사고를 갖도록 부단히 노력하지 않으면 부정적인 것이 먼저 자리를 차지하기 때문이지요.

셰익스피어는 "불행을 치유하는 유일한 약은 희망 이외에는 없다!"라고 했지요.

희망에 대해서 일목요연하게 표현한 명언을 소개한다면,

"희망은 그 자체가 일종의 행복이며, 이 세상이 베풀어주는 주된 행복일 것이다."라고 S. 존스는 말했고, "희망과 인내는 만병(萬病)을 다스리는 두 가지 치료약이니, 어려움에 처했을 때 의지할 가장 믿음직한 것이요, 가장 부드러운 방석이다."라고 R. 버튼은 말했으며, "희망은 끝까지 품고 있는 이상 그 비참한 자를 결코 버려지지 않는다."라고 J. 프래쳐가 말했듯이, 희망은 어떠한 질병도, 죄악도, 고통도 고치는 만병통치약이라고 할 수 있겠습니다.

특히 나이를 잊고 싶다면 무조건 꿈을 품으십시오. 없으시면 억지로라도 만들어 품고 사십시오. 그 순간부터 나이는 사라지면서 자유스러움을 느끼게 될 것입니다.

 마음

   어느 분께서 평소 살아오면서 깊이 느낀 바를 간단하게 말씀하신 좋은 글을 공유하고자 합니다.

  -가장 아프게 무는 짐승은 사람이다. 몸이 아닌 마음을 직접 물기 때문이다.

  -건강은 몸을 단련해야 얻을 수 있고, 행복은 마음을 단련해야 얻을 수 있다.

  -내면보다 외모에 더 집착하는 삶은 알맹이보다 포장지가 비싼 물건과 같다.

  -기업은 분식 때문에 죽고, 인연은 가식 때문에 죽는다.

  -꿀이 많을수록 벌도 많이 모이듯 정이 많을수록 사람도 많이 모인다.

  -음식을 버리는 건 적게 버리는 것이요. 돈을 버리는 건 많이 버리는 것이고 인연을 버리는 건 모두 버리는 것이다.

  -입구가 좁은 병엔 물을 따르기 힘들 듯 마음이 좁은 사람에겐 정을 주기도 힘들다.

  -죽지 못해 살아도 죽고 죽지 않으려 살아도 결국엔 죽는다. 굳이 죽으려고 살려고 아등바등 애쓰지 마라.

  -삶은 웃음과 눈물의 코바늘로 행복의 씨줄과 불행의 날줄을 꿰는 것과 같다.

  위의 글을 읽노라면 삶의 핵심을 꿰뚫으며 함축성 있게 올바른 삶을 전하고 있군요. 결국 우리 인간은 마음을 어떻게 먹고 어떻게 다스리느냐에 따라 행복을 가늠하는 것 같습니다.

"마음은 영혼(靈魂)의 대기(大氣)이다."라는 말과 "마음이 있는 곳이 나의 집이다."라는 말이 있듯이, 마음은 육체적(肉體的), 정신적(精神的), 영적(靈的)인 보금자리이며, "마음의 본체(本體)는 넓고, 크고, 비어 있고, 밝아 만 가지 이치를 다 갖추고 있으므로, 이를 잘 길러 해침이 없다면, 천기(天氣)와 같이 크고, 해와 달과 같이 밝으며, 크기는 만물(萬物)을 담을 수 있다."라고 이언유(李彦遺)가 말했듯이, 마음(心)을 잘 다스리는 사람이 결국 지혜롭고 성공적인 삶을 살아간다는 뜻이 되겠지요.

"마음이 있지 않으면 보아도 보이지 않으며, 들어도 들리지 않고, 먹어도 그 맛을 모르기에, 수양한다는 것은 마음을 바로 잡는 행위이다."라는 말이 있듯이, 마음(心)은 모든 것의 근원이요, 모든 것을 품고 만들어가는 핵심요소이기에 우리 모두 진실 되고 성실한 마음의 자세로 살아가야 하겠습니다.

그러기 위해서는 부단히 '나는 정직한가?', '나는 최선을 다하는가?'라고 스스로에게 자문하다 보면, 자기도 모르게 마음이 여유로워지고 하루를 편안하고 긍정적 자세로 임하게 될 것입니다.

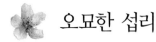

오묘한 섭리

이래 글은 어느 독실한 기독교 신자께서 쓰신 글인데 지극히 보편적 가치에 입각하여 쓰신 글로서 어느 누구도 함께 공감할 수 있는 내용이기에 소개하고자 합니다.

미국 시골의 통나무집에 한 병약한 남자가 살았습니다. 그 집 앞에는 큰 바위가 있었는데 그 바위 때문에 집 출입이 너무 힘들었습니다. 어느 날, 하느님이 꿈에 나타나 말하였습니다.

"사랑하는 아들아! 집 앞의 바위를 매일 기도하면서 밀어라!"

그때부터 그는 희망을 가지고 매일 기도하면서 바위를 밀었습니다.

8개월이 지났습니다. 점차 자신의 꿈에 회의가 생겼습니다. 이상한 생각이 들어 바위의 위치를 자세히 측량해 보았습니다. 그 결과 바위가 1인치도 옮겨지지 않은 것을 발견했습니다. 그는 현관에 앉아 지난 8개월 이상의 헛수고가 원통해서 엉엉 울었습니다.

바로 그 때 하느님이 찾아와 그 옆에 앉으며 말했습니다.

"사랑하는 아들아! 왜 그렇게 슬퍼하지?"

그가 말했습니다.

"하느님 때문입니다. 하느님 말씀대로 지난 8개월 동안 희망을 품고 바위를 밀었는데 바위가 전혀 옮겨지지 않았습니다."

"나는 네게 바위를 옮기라고 말한 적이 없단다. 그냥 바위를 밀라고 했을 뿐이야. 이제 거울로 가서 너 자신을 보렴."

그는 거울 앞으로 갔습니다. 곧 그는 자신의 변화된 모습에 깜짝 놀랐습니다.

거울에 비춰진 남자는 병약한 남자가 아니라 근육질의 남자였습니다.

동시에 깨달음이 스쳐 지나갔습니다.

'지난 8개월 동안 밤마다 하던 기침이 없었구나! 매일 기분이 상쾌했었고, 잠도 잘 잤었지.'

하느님의 계획은 '바위의 위치를 변화시키는 것'이 아니라 '그를 변화시키는 것'이었습니다. 그의 변화는 '바위를 옮겼기 때문'이 아니라 '바위를 밀었기 때문'에 생겼습니다.

우리 앞에 놓인 바위가 조금도 움직이지 않았지만 그 바위 때문에 기도하고 단련되어 자신이 만들어지고 변화되어지는 하느님의 섭리가 개입되어 있음을 우리는 깨닫습니다.

건강이 좋지 않을 때 우리는 대부분 건강에 시달리며 근심, 걱정에 싸여 지극히 부정적 사고에 빠지게 되지요.

그러나 그 건강을 되찾고 본연의 삶으로 가기 위해서는 스스로 건강하기를 바라며 여건이 허락하는 범위 내에서 발전적 사고와 행위를 매일매일 지속적으로 하다 보면 언젠가 제자리에 돌아온다는 사실을 깨닫게 될 것입니다.

용서하는 행위도 마찬가지이지요. 용서한다는 것은 참으로 어려운 일이지만, 용서는 모든 관계를 원상복귀를 위하여 제자리에 갖다놓는 '정의(正義)로운 삶'의 핵심 요소이거든요.

잘 나가다가 실패에 빠져 고통스럽다고 해도 잠시 머뭇거릴 수는 있겠지만 하루속히 원점에서 새 출발을 할 때 보다 낳은 삶으로 도약하게 된다는 사실이지요. 새로운 삶의 리듬을 타고 남과 더불어 힘차게 나가시기를 바랍니다.

결혼(結婚)과 이혼(離婚)

　부부는 부모로부터 떠나 결합하여 한 몸이 되는 것인데, 결혼이라는 예식을 통하여, 많은 지인들 앞에서 창조주 하느님께 평생을 서로 사랑하며 살겠노라고 약속하고 다짐하는 과정을 통하여 탄생하지요.

　그런데 부부는 서로 남자(男子)와 여자(女子)라는 다른 성(性)과 자라온 과정과 환경이 다르고, 신체적 구조나 생각이 상이한 상태에서 서로 별 문제없이 함께 산다는 것은, 각자 폭탄을 품고 사는 것이나 별 차이가 없을 것인데, 여하튼 서로 좋아서 결혼하지요.

　대개 나이를 먹으면 외로움을 갖게 되면서 갑자기 사랑하고 함께 있기를 바라게 되지요. 서로 잘 모르는 상태에서 일단 보기 좋고 아름다우며 마음이 끌리는 상대를 생각하면서 사귀려고 하고 동시에 평생 살아가는 데 필요한 생활 능력도 고려하면서 결혼을 하게 되겠지요.

　모든 남자나 여자는 이 지구상, 어디엔가 자기에게 맞는 짝이 있다고 합니다. 즉 '음(陰)과 양(陽)의 법칙(法則)'을 말하는 것이지요.

　정신의학자에 의하면, 자신에게 맞는 상대를 맞이하게 되면 곧바로 모든 것이 순탄하고 조화롭게 이루어져 서로가 중심을 잡아가며 하나의 아름다운 사랑을 만들어 간다는 것입니다.

　그러기 위해서는 결혼을 서두르지 말고 많은 상대를 만나고 그리고 충분히, 평생을 살아가는 데에 지극히 기본적인 것을 파악 후, 결혼을 하는 것이 좋을 것입니다.

　그렇게 만나 사랑하며 행복한 삶을 살아가는 데에 있어서 주위의 수 많은 편견과 금기 사항 때문에 그 사랑을 이끌어 가는 데 많은 문제점을 야기시키는 것들을 사전 예방할 수 있거든요.

거기다가, 그 사랑이 살다 보면, 서로 사랑하여 결혼했다고 하지만, 그 매력적이었던 긴 코, 두툼한 입술, 하얀 피부, 날씬한 몸매 등등은 한 달 정도가 지나면 그 매력을 느낄 수 없다는 것이지요.

이때부터 서서히 서로 다른 것들이 나타나면서 불만의 씨앗이 되기도 하고, 불만과 지루함이 원천적 사랑의 맛을 잃게 하며 무관심 내지 무시하는 관계로 가는 경우가 많은 것 같습니다.

이러한 현상은 결혼생활에만 적용되는 것이 아니라 모든 일의 결과를 얻기 위한 과정에서 나타나는 현상과 같은 것이기에, 아름답고 매력적이어서 사랑하게 된 것이 아니라 사랑하기에 상대를 아름답게 본 사실을 깨닫게 될 때 본연의 관계로 돌아오게 된다는 것이지요.

아무리 추한 사람도 자신이 사랑하게 되면 그 상대는 아름답게 보인다는 사실입니다. 옛말에, '제 눈에 안경'이라는 말이 그런 의미일 것입니다.

그리고 가능하면, 이혼을 하지 않는 것이 정답이라고 말씀드리고 싶은 것은, 결혼서약이 창조주 하느님의 뜻에 따라 이루어졌다는 사실이 매우 중요함을 깨달을 때 결코 이혼의 사유를 갖지 못하게 될 것입니다.

우리 인간의 삶과 죽음은 창조주 하느님과의 관계로 시작해서 마무리하게 된다는 사실이지요. 그러하거늘, 그 뜻에 어긋날 경우, 이혼을 한 후의 상황이 비슷하거나 나빠졌으면 나빠졌지 결코 좋을 수 없다는 사실이지요.

소크라테스 부부에 대한 얘기가 화두로 가끔 떠오르지요. 어느 날, 소크라테스 아내가 제자들 앞에서 자기 남편에게 뺨따귀를 때렸지요. 이러한 얘기를 숱하게 들어본 적이 있는 터라 제자가 소크라테스에게,

"왜 스승은 사모님에게 뺨따귀를 맞으시나요?"라고 물었더니,

"글쎄! 난들 알겠느냐?"

"무슨 사연이 있겠지."

"나와는 아무 관련이 없는 일일세."하며 웃더라는 것입니다.

만약, 소크라테스가 이런 일로 이혼을 했다면 소크라테스는 행복했을까요? 역설적이긴 하지만, 그러한 부인을 만났기에 세계적인 성인(聖人)으로 지금까지 기리 남을 수 있지 않을까요?

결혼서약이라는 것은 테스 형님처럼, '인명재천(人命在天)'으로 받아들이고 살아가는 것이 현명한 삶이 아닌가 봅니다. 모든 행복의 근간은 신(神)과의 관계를 어떻게 설정하느냐와, 삶과 죽음을 동반자 내지 동행자라는 사실을 겨달을 때, 동시에 부부관계도, 재혼한 부부라도 같이 가야 할 동반자라는 신(神)의 뜻에 따라 평생 사는 것이 맞는 것 같군요.

합격통지서

감독적인 글이 있어 소개합니다.

실밥이 뜯어진 운동화, 지퍼가 고장 난 검은 가방, 그리고 색 바랜 옷… 내가 가진 것 중에 헤지고 낡아도 창피하지 않은 것은 오직 책과 영어사전 뿐입니다. 집안 형편이 너무 어려워 학원수강료를 내지 못했던 나는 칠판을 지우고 물걸레질을 하는 등의 허드렛일을 하며 강의를 들었습니다.

수업이 끝나면 지우개를 들고 이 교실 저 교실 바쁘게 옮겨 다녀야 했고, 수업이 시작되면 머리에 하얗게 분필 가루를 뒤집어 쓴 채 맨 앞자리에 앉아 열심히 공부했습니다.

엄마를 닮아 숫기가 없는 나는 오른쪽 다리를 심하게 절고 있는 소아마비입니다. 하지만 난 결코 움츠리지 않았습니다. 오히려 내 가슴속에선 앞날에 대한 희망이 고등어 등짝처럼 싱싱하게 살아 움직였습니다.

짧은 오른쪽 다리 때문에 뒤뚱뒤뚱 걸어 다니며, 가을에 입던 홑 잠바를 한겨울에까지 입어야 하는 가난 속에서도 나는 이를 악물고 손에서 책을 놓지 않았습니다.

그러던 추운 어느 겨울날, 책 살 돈이 필요했던 나는 엄마가 생선을 팔고 있는 시장에 찾아갔습니다. 그런데 몇 걸음 뒤에서 엄마의 모습을 바라보다가 차마 더 이상 엄마에게 다가가지 못하고 눈물을 참으며 그냥 돌아서야 했습니다.

엄마는 낡은 목도리를 머리까지 칭칭 감고, 질척이는 시장바닥의 좌판에 돌아앉아 김치 하나로 차가운 도시락을 먹고 계셨던 것입니다. 그날 밤 나는 졸음을 깨려고 몇 번이고 머리를 책상에 부딪쳐 가며 밤새

워 공부했습니다. 가엾은 나의 엄마를 위해서 말입니다.

내가 어릴 적에 아버지가 돌아가신 뒤 엄마는 형과 나, 두 아들을 힘겹게 키우셨습니다. 형은 불행히도 나와 같은 장애인입니다. 중증 뇌성마비인 형은 심한 언어장애 때문에 말 한마디를 하려면 얼굴 전체가 뒤틀려 무서운 느낌마저 들 정도입니다.

그러나 형은 엄마가 잘 아는 과일도매상에서 리어카로 과일 상자를 나르며 어려운 집안 살림을 도왔습니다. 그런 형을 생각하며 나는 더욱 이를 악물고 공부했습니다.

그 뒤 시간이 흘러 그토록 바라던 서울대에 합격하던 날, 나는 합격통지서를 들고 제일 먼저 엄마가 계신 시장으로 달려갔습니다. 그날도 엄마는 좌판을 등지고 앉아 꾸역꾸역 찬밥을 드시고 있었습니다. 그때 나는 엄마에게 다가가 등 뒤에서 엄마의 지친 어깨를 힘껏 안아 드렸습니다.

"엄마… 엄마… 나 합격했어…"

나는 눈물 때문에 더 이상 엄마 얼굴을 볼 수 없었습니다. 엄마도 드시던 밥을 채 삼키지 못하고 하염없이 눈물을 흘리며 사람들이 지나다니는 시장 골목에서 한참동안 나를 꼬옥 안아 주셨습니다.

그날 엄마는 찾아오는 단골손님들에게 함지박 가득 담겨있는 생선들을 돈도 받지 않고 모두 내주셨습니다. 그리고 형은 자신이 끌고 다니는 리어카에 나를 태운 뒤 입고 있던 잠바를 벗어 내게 입혀 주고는 알아들을 수도 없는 말로 나를 자랑하며 시장을 몇 바퀴나 돌았습니다. 그때 나는 시퍼렇게 얼어있던 형의 얼굴에서 기쁨의 눈물이 흘러내리는 것을 보았습니다.

그날 저녁, 시장 한 구석에 있는 순댓국밥 집에서 우리 가족 셋은 오랜만에 함께 밥을 먹었습니다. 엄마는 지나간 모진 세월의 슬픔이 북받치셨는지 국밥 한 그릇을 다 들지 못하셨습니다. 그저 색 바랜 국방색 전대로 눈물만 찍으며 돌아가신 아버지 얘기를 꺼냈습니다.

"너희 아버지가 살아있다면 기뻐했을 텐데… 너희들은 아버지를 이해해야 한다. 원래 심성은 고운 분이다. 그토록 모질게 엄마를 때릴 만큼 독한 사람은 아니었어. 계속되는 사업 실패와 지겨운 가난 때문에 매일 술로 사셨던 거야. 그리고 할 말은 아니지만… 하나도 아닌 둘씩이나 몸이 성치 않은 자식을 둔 애비 심정이 오죽했겠냐? 내일은 아침 일찍 아버지께 가 봐야겠다. 가서 이 기쁜 소식을 얼른 알려야지."

내가 어릴 때 부모님은 자주 다투셨는데, 늘 술에 취해 있던 아버지는 하루가 멀다 하고 우리들 앞에서 엄마를 때렸습니다. 그러다가 하루 종일 겨울비가 내리던 어느 날 아버지는 아내와 자식들에 대한 죄책감으로 유서 한 장만 달랑 남긴 채 끝내 세상을 버리고 말았습니다.

고등학교 졸업식 날, 나는 우등상을 받기 위해 단상 위로 올라 가다가 중심이 흔들리는 바람에 그만 계단 중간에서 넘어져 바닥으로 떨어졌습니다. 움직이지 못할 만큼 온몸이 아팠습니다.

그때 부리나케 달려오신 엄마가 눈물을 글썽이며 얼른 나를 일으켜 세우셨습니다. 잠시 뒤 나는 흙 묻은 교복을 털어 주시는 엄마를 힘껏 안았고 그 순간, 내 등 뒤로 많은 사람들의 박수소리가 들려왔습니다.

한번은 새벽부터 늦은 밤까지 도서관에서 공부 하다가 컵라면으로 배를 채우기 위해 매점에 들렀는데 여학생 들이 여럿 앉아 있었습니다. 그날따라 절룩거리며 그들 앞을 걸어갈 자신이 없었습니다.

구석에 앉아 컵라면을 먹고 있는 내 모습이 측은해 보일까봐, 그래서 혹시 나도 모르게 눈물이 나올까봐 주머니 속의 동전만 만지작거리다가 그냥 열람실로 돌아왔습니다. 그리곤 흰 연습장 위에 이렇게 적었습니다.

'어둠은 내릴 것이다. 그러나 나는 그 어둠에서 다시 밝아질 것이다.'

이제 내게 남은 건 굽이굽이 고개 넘어 풀꽃과 함께 누워계신 내 아버지를 용서하고, 지루한 어둠 속에서도 꽃등처럼 환히 나를 깨어 준 엄마와 형에게 사랑을 되갚는 일입니다.

지금 형은 집안일을 도우면서 대학 진학을 목표로 열심히 공부하고 있습니다. 아무리 피곤해도 하루 한 시간씩 큰소리로 더듬더듬 책을 읽어가며 좀처럼 나아지지 않는 발음에 대한 희망을 버리지 않은 채 오늘도 나는 온종일 형을 도와 과일상자를 나르고 밤이 되서야 일을 마쳤습니다.

그리고 늦은 밤 집으로 돌아오는 버스 안에서 어두운 창밖을 바라보며 문득 앙드레 말로의 말을 떠올렸습니다.

"오랫동안 꿈을 그리는 사람은 마침내 그 꿈을 닮아간다."

너무도 아름다운 말입니다.

그 후 이 학생은 우수한 성적으로 공부하여 지금은 미국에서 우주항공을 전공하여 박사과정에 있으며 국내의 굴지 기업에 전부 뒷바라지를 하고 있으며 어머니와 형을 모두 미국으로 모시고 가서 같이 공부하면서 가족들을 보살핀다고 합니다.

사람이 살아가면서 힘들고 고통스러울 적에 올라가던 암벽에서 생명줄인 밧줄을 놓아버리고 싶을 때가 한두 번이 아니지요. 요즘 우리나라 사람들은 사랑이나 행복, 성공을 너무 쉽게 얻으려고 하고 노력도 해보기 전 너무도 쉽게 포기하려고 하지요. 자신의 의지와 노력으로서 아름다운 삶을 살아갈 수 있다는 것을 우리들은 위의 글에서 배워야 할 것입니다.

인간들은 자신이 처한 환경에 자신이 가장 힘든 줄 알고 있지만 우리 주위에는 힘들고 이겨내지 못할 고통을 이겨내며 노력하는 숱한 사람들이 있다는 것을 깨닫지 못하고 있는 듯 합니다.

지극히 힘들고 잠 못 이룰 때, 가만히 묵상과 침묵으로 자신을 뒤돌아보면서 남모르게 고통스러워하는 분들을 생각해 보십시오. 알고 보면 어느 누구나 크고 작든 고통이 있는데 본인 스스로가 어떠한 생각과 각오로 그 고통을 받아들이느냐의 문제이지, 객관적으로 위와 같은 상황보다 십분의 일도 안 되는 고통으로 힘들어 하는 사람들이 생각보다 많다는 사실이지요.

모든 삶은 결국 창조주 하느님으로부터 사랑의 축복을 갖고 태어났기에, 어떠한 고통도 자신이 감당할 만큼 주어진다는 것과 시간과 함께 모든 것이 사라진다는 사실을 명심하고 매사에 감사한 마음을 갖는 순간부터 살아있음에 행복감을 갖게 될 것입니다.

저는 이 글을 읽고 쓰면서 저도 모르게 눈물을 흘렸습니다. 우리는 이러한 지극히 밑바닥의 평범한 삶에서 기쁨과 행복을 창출하여 함께 나누는 기회를 많이 가졌으면 좋겠습니다.

 양심(良心)

　故 윤동주 시인의 '하늘을 우러러 한 점 부끄럼 없기를'라는 구절이 떠오르는군요. 양심은 모든 인간에게는 신(神)과 같은 것으로, 인간 마음속에 있는 신(神)의 출현이라는 생각이 드는군요. 그래서 양심의 명령은 운명의 소리라고도 합니다.

　우리는 살아가면서, 시도 때도 없이 '양심'이라는 말을 많이 사용하지요. 진실을 위해, 그런가 하면 거짓 변명하기 위해 가볍게 사용하지요. 그런데 양심을 속이면 곧 창조주 하느님의 뜻을 속여 천명(天命)을 어기는 행위가 되거든요. 그래서 양심은 우리에게 누군가가 보고 있을지 모른다고 타일러주는 내부의 소리와 같은 것이라고 생각되지요.

　양심에 대한 사전적 의미는, '사물의 선(善)과 악(惡)을 구별하여 나쁜 짓을 하지 않고 올바른 행동을 하려는 마음의 작용'이라고 되어 있지요.

　한편, 영어사전에 의하면, 'CONSCIENCE'로 '더불어 함께 한다'라는 의미를 내포하고 있어, 자신의 행위가 도덕적 의무에 적합한지의 여부를 자신과 다른 사람은 물론 창조주 하느님도 알고 계신다는 뜻을 내포하고 있는 것으로 그것을 위반했을 때, 수치심과 부끄러움을 느끼는 인간만이 가진 진실 된 마음이라고 할 것입니다.

　그렇게 고귀하고, 함부로 말할 수 없는 신(神)의 영역(領域)을 인간의 두뇌와 과학, 물질문화가 발달하면서 상품화하여 마구 사고 파는 행위를 일삼는 경지에 이르렀지요.

　양심은 어디까지나 고귀한 가치(VALUE)인데 물건을 사고 파는 것의 기준인 가격(PRICE)으로 취급하는 경우와 같지요. 특히 지식인, 권력을 가진 정치인들이 국민을 위한다면서 양심을 화장실의 휴지처럼 마구 사용하며 쓰레기통에 버리지요.

양심은 자기만의 신성한 가치로, 어느 누구도 관여할 수 없는, 결코 사고 팔 수도 있는 것이 아니기에 그것만은 보물처럼 잘 닦고 가꾸어 손상되거나 누가 가져갈 수 없는 곳에 잘 보관하여 적절한 시기에 올바르게 사용해야 한다는 것이지요.

맑은 양심은 변명이 필요 없고, 선(善)한 양심은 단거리 선수에게 보다는 장거리 선수에게 많은 인내와 용기를 주어 끝까지 목표에 도달할 수 있게 해 줄 것입니다.

양심을 지키기는 당장은 힘들어도 길게 보면 그것이 삶의 정도(正道)라는 것입니다.

"정의(正義)는 결국에는 종말에 달해야 하는 일시적인 것이다. 그러나 양심(良心)은 영원히 결코 죽지 않을 것이다."라고 마틴 루터킹이 말했듯이, 우리 인간이 그토록 부르짖는 그 '정의(正義)로움'도 양심에 우선할 수 없는 것으로 양심(良心)의 신성(神聖)함을 깨닫고 잘 지켜나가야 할 것입니다. 즉 양심은 곧 창조주 하느님의 계시요, 말씀이라는 것이지요.

우리는 살다 보면서 타의든 자의든 양심을 벗어나는 행동을 하지만, "양심의 가책의 시작은, 새 생명의 시작이다."라고 G. 엘리어트가 말했듯이, 우리는 무조건, 지체 없이 양심의 자리로 돌아와 본연의 삶의 보금자리에서 편히 쉬시기를 바랍니다.

양심의 자리로 돌아간다는 것은 곧 무한한 창조주 하느님의 뜻에 따라 살아간다는 것이 되겠지요.

사랑은 축복이다

LOVE IS "GOD BLESSING"

사랑은 참으로 아름답습니다. 신(神)이 인간에게 주신 최고의 선물로
서 우리 인간이 잘 가꾸어 남과 더불어 잘 살아가라는 사명이기 때문
이지요. 사랑의 의미를 제대로 알고 자기 몸에 맞게 잘 단장하면 그것처
럼 아름다울 수가 없을 것입니다.

서로가 사랑으로 균형을 맞추어 조화를 이룰 때 아름다움의 빛이 비
추게 되거든요. 아름다워서 사랑하기보다는 서로 사랑하기 때문에 아
름다워진다는 사실이지요.

우리 인간은 고운 사람, 추한 사람이 따로 있는 것이 아니라고 생각합
니다. 추한 사람도 자신에게 맞는 사람이 있고, 서로 사랑하게 되면 서
로 아름다움을 느끼며 아름다운 사람이 되는 것이지요. 이것이 사랑이
요, 아름다움이요, 영적 친구(靈的 親舊, SOLE MATE)가 되는 것이지요.

우리는 혼자 있을 때 외로워하며 힘들어 하지요. 동시에 자기에 맞는
영적 친구를 만나지 못하면 괴로워하며 힘들어 합니다. 이는 아름다움
과 추함의 문제가 아니라 오직 사랑의 조화로움의 문제이거든요.

아름다움이 사랑을 만드는 것이 아니라, 사랑이 있는 곳에 아름다운
꽃이 핀다는 사실입니다. 그래서 신이 인간에게 부여한 아름다운 사랑
을 혼신을 다하여 자기만의 아름다움을 만들어 창조주 하느님께 바치
고, 동시에 주위 사람들에게 선물을 바치는 것입니다.

그 아름다움은 혼신을 다하여 조화롭게 만들어진 한 짝이 만나 사
랑하고 결혼하면, 처음에 키가 크고, 코가 길며, 피부색이 하얀 여자가
좋아서 했다면, 이러한 매력은 한두 달 지나면 관심 대상에서 사라지

고, 궁극적으로 영적(靈的)인 사랑의 조화가 중요 문제로 떠오르지요.

사랑하는 것은 삶의 멋과 기쁨을 주고, 무한한 희망을 주며, 소망을 이룰 수 있는 강력한 힘이 되지요. 또한 사랑은 삶의 기적을 만들어 감동을 주고 황홀하게 하기도 합니다. 사랑은 어떠한 좌절, 실패, 역경에서도 꿋꿋이 일어설 수 있는 무한한 에너지가 되거든요. 그래서 완전한 사랑은 온힘을 다 바치는 사랑을 의미하고 그 불타는 열정은 온갖 고통과 고난을 태워 버릴 것입니다.

"삶은 사랑의 십자가(十字架)를 지고, 죽음은 사랑의 왕관(王冠)을 가져다 준다."라고 D.M. 크레이크가 말했듯이, 사랑은 타인의 행복이 자기 자신의 행복에 없어서는 안 되는 것으로, "사랑은 자기 자신을 존재케 하는 힘이다. 그것은 그 자체의 가치(價値)이다."라고 T. 와일러 얘기했듯이, 사랑은 모든 삶과 죽음의 핵심이라는 사실을 알아야 하겠습니다.

"LOVE IS TENDER AND ALSO STRONG"(NOBLE SAVAGE)

오늘 하루 싸이의 '강남스타일' 노래가사의 남녀 주인공들처럼 낭만적인 고상한 야만인(NOBLE SAVAGE)이 되어보시지요.

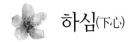

하심(下心)

지붕 밑에서는 비가 새는 곳이 잘 보인다고 합니다. 그러나 지붕 위에서 보면 높은 데서 볼수록 어디에서 새는지 보이지 않는다고 합니다. 이처럼 낮고 깊은 곳에서 자기의 모습을 지켜보아야 한다는 것입니다.

교만한 자는 마음이 떠 있어 항상 위에서 아래를 내려다보듯 해 이상이 없는 줄 안다고 합니다. 지혜로운 사람은 자신의 장점을 내세우려 하기 보다는 자신의 부족한 점을 먼저 보완해 나간다고 합니다. 더 낮은 자세와 겸손의 미덕으로 하루하루를 살아갈 때 남과 더불어 보람된 삶을 살 수 있을 것입니다.

그런데 우리나라 대한민국 사람들은, 1960년대부터 지금까지 물질만능주의에 벗어나지 못하고 그저 위만 쳐다보면서 계속 정상을 정복하고자 온 힘을 다하지요.

그러다가 기진맥진하여 지쳐서 더 이상 올라가지 못하면서 위만 쳐다보며 아예 옆이나 아래를 내려다 볼 생각조차 하지 않고 그저 허공에서 맴돌고 있지요. "내가 누군데" 하면서 말입니다.

거기다가, 세계적 추세인 4차 산업시대의 핵심인 위, 아래, 앞, 뒤, 옆 모두를 접촉하고 연결하며 함께 뭔가를 창출해야 하는 상황에서도 결코 하심(下心)을 갖지 못하고 상심(上心)만 붙들고 상심(喪心)을 하고 있지요.

"가장 향기로운 향수는 언제나 가장 작은 병에 담겨 있고, 산이 높을수록 나무는 낮다."라는 말이 있듯이, 사람이 고상(高尙)할수록 겸손해지는 것 같습니다.

"겸손한 자는, 언제나 창조주 하느님을 안내자로 모시고 불쌍하고 힘든 사람을 보살피면서도, 스스로 좋은 일을 했다는 생각을 버리며 살아가는 사람"을 말한다고 J. 버넌이 말했지요.

겸손한 자, 즉 하심(下心)을 품은 자(者)는 어떠한 직업, 직급, 유리하고나 불리하거나, 어떠한 상황에서도 상대를 배려하며 인격적 관계로 이끌어가지요.

"강물이 모든 골짜기의 물을 흡수할 수 있는 것은 아래로 흐르기 때문이다. 오로지 아래로 쳐질 수 있으면 결국 위로도 오를 수 있게 된다." 라는 말이 있지요.

우리는 더 이상 권력이나 물질만능에 치우침 없이, 그저 물처럼, 자연순리대로 어디를 마다하지 않고, 어느 누구와도 골고루 인간관계를 갖는 것이 자신은 물론 더불어 행복한 삶의 공동체를 만들어갈 수 있을 것입니다.

본인 스스로가 현재 사회적으로 지식으로나 능력으로나 리더의 위치에 있거나 과거에 그러한 위치에 있었다면 그동안 느껴보지 못했던 밑바닥의 삶을 함께 흐느끼며 진정한 삶의 행복을 만끽하시기를 적극 권하는 바입니다.(VIOLET HAPPINESS)

 운(運)

『운을 읽는 변호사』의 저자 니시나카 쓰토무의 글을 소개하고자 합니다. 저자는 50여 년 변호사 생활동안 1만 명 넘는 사람들의 삶을 곁에서 지켜봤다고 합니다. 그리고 이 책 『운을 읽는 변호사』에서 우리에게 꼭 들려주고자 하는 이야기를 담았습니다. 바로 '운(運)'에 대한 이야기지요.

저는 평범한 사람이지만 변호사라는 직업의 특성상 타인의 중대사에 많이 관여하기 때문에 인생 공부만큼은 남부럽지 않게 할 수 있었지요. 그래서 가끔 곰곰이 생각하고는 합니다. '운이라는 것은 정말 신기하구나.' 하고 말이지요.

1만 명 이상의 인생을 지켜본 저는 알고 있습니다. '세상에는 확실히 운이 좋은 사람과 나쁜 사람이 있다'는 것을요. 몇 가지 요약하면,

①악행으로 얻은 성공은 오래가지 못한다는 사실입니다. 사업에 실패하여 변호사에 상담하러 오는 사람들 대부분은 얼마 전까지만 해도 성공한 사람이었습니다. 잔머리를 굴려 돈을 잔뜩 벌거나 출세를 했어도, 그 성공은 오래가지 못하고 얼마 지나지 않아 실패하여 궁지에 몰리는 경우가 많습니다. 악행은 반드시 신이 벌을 내리기 때문에, 악행으로 얻은 성공은 한 순간이라는 것이지요.

②다퉈서 좋은 일은 아무것도 없다는 것이지요. 다툼은 결과적으로 상대방의 원한을 사 운을 나쁘게 하기 때문입니다. 신기하게도 재판에서 이긴 후에 불행해지는 사람이 드물지 않습니다. 다툼은 원한을 남기고 운을 달아나게 합니다.

③도덕적 부채는 금전적 부채보다 운에 더 큰 영향을 미친다는 사실

이지요. '감사하는 마음'이 운을 가져옵니다. 우리 모두는 누군가의 희생으로 편안한 일상생활을 영위하고 있으므로 항상 이에 대해 감사하는 마음을 가져야 합니다.(모든 인간관계에서 윤활유와 같은 겸손한 마음도 어디까지나 감사한 마음이 갖고 있지 않으면 불가능하거든요.)

도덕적 부채에 대한 인식이 없이 살거나 감사한 마음을 가지지 않으면 운이 달아난다는 사실이지요. '법만 지키면 무슨 짓을 해도 된다.'라거나 '남들도 다 하는 일이니 괜찮다고 생각해.'라는 도덕적 과실을 반복하면 좋은 운이 달아나게 마련입니다.(우리나라 정치인들 중에 이런 사람들이 꽤 많은 것 같습니다.)

④좋은 운은 겸손하고 은혜를 잊지 않는 마음에서 온다는 것입니다. 과학적으로 성찰해 보면, 살아있는 것 자체가 큰 행운입니다. 살아있음의 행운을 실감하고 경이와 감사의 마음을 가지는 것이 지금의 행운을 지키고 더 좋은 운을 부르는 비결입니다. 행운을 부르기 위해서는 겸손해야 한다고 생각하고 있지만, 좀처럼 실행하기는 어려운 이유는 오직 감사한 마음으로 남과 나누며 살고자 할 때 겸허함이 우러나온다는 사실입니다. 세상과 사람들 앞에 겸손하고 감사하는 마음, 은혜를 잊지 않는 마음이 좋은 운을 부릅니다.

⑤배려하고 격려하고 칭찬하라는 것입니다. 마치 공을 받으면 다시 공을 그대로 던지는 야구의 캐치볼과 같다는 것이지요. 공이 몇 번이나 똑같이 왔다갔다 하는 것 같지만, 그 위력은 대단히 큽니다. 공을 받으면 다시 공을 던지는 것이 바로 다툼없이 화합하고 결국 운으로 연결되는 커뮤니케이션의 비결입니다.

⑥남을 위한 일일수록 더 기쁜 마음으로 하라는 것입니다. '운이 좋은 사람'은 '남에게 도움을 준다.'와 '하늘이 돕는다.'라는 공통점이 있습니다. 일을 할 때는 남에게 도움이 된다는 생각을 하면서 해야 합니다. 주위 사람들이 기뻐하니 나도 기쁘고, 점점 더 다른 사람에게 도움이 되

고 싶다는 생각을 하게 됩니다. 다른 사람에게 도움을 주세요. 신이 당신에게 행운을 내려줄 것입니다. 자신과 인연이 있는 사람을 기쁘게 하라는 말이 있습니다.

운에 대한 명언을 추가로 말씀드린다면, '부부끼리 감사해하면 그 집은 잘되기 마련이다', '다툼 중에서도 상속 분쟁은 큰 불운의 서막이다', '나만 잘되길 바라면 운이 돌아선다', '어머니 은혜를 깨닫기만 해도 운을 좋게 바꿀 수 있다', '부모님을 부양하면 좋은 운이 나를 부양한다', '인간성 좋은 사람은 처음엔 손해 보지만 나중엔 성공한다', '유능하다는 말보다 믿을 수 있다는 말이 진짜 칭찬이다', '100만큼 일하고 80만 바라면 120이 들어온다' 등이 있습니다.

또한 "시종일관하는 자는 운명을 믿고, 변덕부리는 자는 요행을 믿는다."라고 B. 디즈레릴은 말했고, "우리는 해야 할 일은 하지 않고 해서는 안될 일을 하며, 운(運)이 우리를 이끌어 줄 것이라는 생각에 의지한다."라고 M. 아놀드는 말했지요. 매사에 행운이 가득하시기를 바랍니다.

🌸 자존심 1

엘리자베스 퀴블러 로스와 데이비드 케슬러가 쓴 『인생 수업』에 나오는 일화입니다. 어느 기분 좋은 여름날, 갓 결혼한 부부가 저녁을 먹고 숲으로 산책을 나갔습니다. 둘이서 멋진 시간을 보내고 있는데 멀리서 어떤 소리가 들려왔습니다.

"꽥, 꽥!"

아내: 저 소릴 들어봐, 닭이 틀림없어.

남편: 아니야, 저건 거위야.

아내: 아니야. 닭이 분명해.

남편: (약간 짜증 섞인 목소리로) 그건 말도 안 돼. 닭은 '꼬꼬댁 꼬꼬!' 하고 울지만, 거위는 '꽥, 꽥!' 하고 울거든. 저건 거위라고.

또 다시 소리가 들려왔다.

"꽥, 꽥!"

남편: 거봐. 거위잖아!

아내: (한발로 땅을 구르며) 아니야. 저건 닭이야. 내가 장담할 수 있어.

남편: (화가 나서) 잘 들어, 여보! 저건 거위라니까! 당신은 정말이지…

남편이 입에 담아서는 안 될 말을 내뱉으려는 찰나 또 다시 "꽥, 꽥!" 하는 소리가 들려왔습니다. 아내가 눈물을 글썽이며 말했습니다.

"저 봐, 닭이잖아."

그 순간 남편은 아내의 눈에 고인 눈물을 보았습니다. 그러고는 자신이 왜 그녀와 결혼했는가를 기억했습니다. 그는 얼굴을 누그러뜨리고 부드럽게 말했습니다.

"미안해, 여보. 생각해 보니 당신 말이 옳아. 저건 닭이야."

그러자 아내는 남편의 손을 쓰다듬으며 말했다.

"고마워요, 여보."

두 사람이 사랑 속에 산책을 계속하는 동안 숲에서는 다시금 소리가 들려왔다.

"꽥, 꽥!"

남편은 생각했습니다.

'그것이 닭이든 거위든 무슨 상관인가?'

우리가 상대에게 상처주고 결국은 관계가 단절되는 이유 중에 많은 부분이 멀리서 들려오는 동물의 소리가 닭인지 거위인지 같은 사소한 분쟁에서 비롯된다는 것이지요.

내 신념을 저버려야 할 일이 아니라면, 내게 회복하지 못할 손해가 발생하는 일이 아니라면 인정해 준들 무엇이 문제일까요?

우리는 알게 모르게 무의식적으로 자존심(自尊心)이라는 불청객이 대화중에 불쑥 나타나서 무조건 '아니야!'라고 하며 대화 분위기에 찬물을 끼얹지요.

그러다 보면, 자존심 대결로 치솟아 결국 신경질적인 말투로 밑도 끝도 없이 다투게 되고 결국에는 돌이킬 수 없는 관계로 가지요. 자기가 옳다고 생각하는 것은 지극히 본능적인 것으로, 지혜로운 마음을 동원하지 않으면 해결이 무척 어렵습니다.

그 최선의 방법은, 일단 말을 멈추고, 상대가 '왜 그러지?'하면서 상황을 고려하며, '무슨 말 못할 이유가 있겠지' 하면서 상호간의 여유를 갖다 보면, '아! 그거구나!' 하면서 실마리를 찾게 되지요.

우리는 살아가면서, 위와 같은 상황이 벌어지면, 불쑥 나타났던 자존심이 순간적으로 깨닫고 스스로 물러나도록 여유를 주라는 것입니다. 자존심(自尊心)이 없다면 지기 자신을 지탱하기가 어렵지요. 지극히 지녀야 할 자기 존재의 핵심 요소이지만 우리는 더불어 살아가야 하는 인간

공동체의 일원으로서 상대와 상황을 고려하여 자존심을 지켜 가면 될 것입니다.

　그러기 위해서는 어떠한 상황이 벌어졌을 때, 항상 '삶의 우선순위'를 고려하면서, '그럴 수도 있겠지?', 또는 '왜 그러지?' 하면서 한 템포를 늦춘 다음 말이나 행동을 하면 될 것입니다.

# 자존심 2

리드레싱 액션(redressing action)이란 말은 '옷을 고쳐 입는 행동'이라는 뜻인데, 마음을 바꾸어 제자리로 환원하는 행동을 말하는 것으로 일종의 사과나 타협을 의미하지요.

혹시 이런 적이 있으셨는지요? 가령 그가 당신에게 "왜 그따위 말을 하는 거야, 바보같이." 하고 장난으로 말했는데 "바보가 뭐야! 이 머저리야!", "뭐? 머저리라고?"라고 말입니다.

이렇게 농담처럼 시작된 말장난이 큰 싸움이 된 경험 말입니다. 결국 자존심의 문제이지요.

그러다가 이젠 얼굴도 보기 싫으니 다시는 만나지 말자까지 비약되기도 하는데, 그렇게 되지 않으려면 가능한 한 빨리 미안하다고 말하는 것이 제일 좋은 방법이지요. 미안하다는데 어느 누가 더 이상 화를 낼 수 있을까요? 이렇게 미안하다고 사과하는데 더 이상 진전이 안 될 것입니다.

이 '미안하다'라는 언어에 내포되어 있는 동작을 행동학에서는 리드레싱 액션(redressing action) 즉, 옷을 다시 고쳐 입는 동작이라고 부릅니다. 말다툼을 벌이다가 한쪽이 뭐야! 덤벼 하면서 옷을 벗으면 다른 한쪽도 질세라 옷을 따라 벗게 마련이지요.

그러다가 다행히 서로 조금씩 양보하여 소동이 잘 무마 되면 서로에게 옷을 입혀 주면서 우리 앞으로는 잘 지내봅시다 하고 화해하게 됩니다. 결과가 좋은 경우에는 오히려 바람직한 면도 있지요. 리드레싱 액션이란 바로 이런 순간의 동작을 말합니다.

살아가다 보면 이렇게 두 사람 사이에 싸움으로 균열이 생겨 결전 태세에 돌입했다가 리드레싱 액션이 일어나서 재통합이 일어나는 경우가 많지요. 따라서 작은 말다툼에서 시작해 결전상태로까지 발전 하면 어느 한쪽이 리드레싱 액션을 취하지 않는 한 즉, 사과하지 않는 한 화해하기는 힘들다는 것이지요.

두 사람의 관계를 깨고 싶지 않고 그를 잃고 싶지 않다면 눈 딱 감고 일단 '미안해요' 하고 말해 버리면 됩니다. '아니, 이것 봐요! 그 사람 잘못인데 왜 내가 사과해야 하죠?' 하고 흥분하지 말고, 일단 사과부터 하십시오. 그러한 행동은 자기 자신에게 솔직하지 못하다고 제발 논리만 앞세우지는 마시고요. 때로는 알면서도 져 주는 것이 진정 성숙한 어른다운 모습일 것입니다.

그래서 평소에 아주 사소한 것이라도, "미안해요", "고마워요"를 입에 달고 다니시면서 사용하시면 모든 것이 잘 풀릴 것입니다. 허구한 날, 허구한 때, 그저 "미안합니다", "고맙습니다"라고 다니며 "저 사람 바보 아니야?"라는 말을 들을 정도로 해도 전혀 손해 볼 것도 없고, 죄가 되지도 않습니다. 툭하면 화를 내고, 싸움을 거는 '싸움닭'의 제일 어렵고 싱거운 상대가 바로 바보 같은 사람들인데, 싸움 자체가 성립되지 않기 때문이지요. 바보맨! 그런 얘기를 듣는다면 당신은 세상을 풍요롭게 살고 있다는 것입니다.

기대며 사는 삶

우리 인간을 사회적 동물(社會的 動物, Social Animal)이라고 합니다. 여기에서 사회적이라는 말은 남과 더불어 산다는 뜻이고, 곧 남이나 자연에 기대며 살아가는 동물이라는 뜻도 되지요.

우울한 날에는 푸른 하늘에 기대고, 슬픈 날에는 가로등에 기대어 봅니다. 기쁜 날에는 나무에 기대고, 부푼 날에는 반짝이는 별에 기댑니다. 사랑하면 꽃에 기대고 이별하면 달에 기대지요. 우리가 기대고 사는 것이 어디 사물과 자연뿐이겠습니까.

일상생활에서 우리는 수많은 사람들에게 기대어 살아갑니다. 내가 건네는 인사는 타인을 향한 것이고, 내가 사랑하는 사람도 나 아닌 가까운 남입니다. 물론 나 자신을 사랑할 수 있어야 남을 사랑할 수 있겠지요.

나를 울게 하는 사람도 타인이고, 나를 웃게 하는 사람도 타인입니다. 사람이 사람에게 비스듬히 기댄다는 것은 그의 마음에 내 맘이 스며드는 일입니다. 그가 슬프면 내 마음에도 슬픔이 번지고 그가 웃으면 내 마음에도 기쁨이 퍼집니다. 서로 기대고 산다는 것 그것이 바로 인연이겠지요.

그 인연의 언덕은 어느 날은 흐리고 어느 날은 맑게 갤 겁니다. 흐리면 흐린 대로 개면 갠 대로 그에게 위로가 되고 기쁨이 되어 주는 것, 그것이 평범한 삶의 인간관계이겠지요.

기대며 살아가는 인생살이, 상대가 편안한 마음으로 기댈 수 있도록 어깨를 받혀주며 살아가야 사는 맛이 나거든요. 우리는 아무리 힘들고 바쁘더라도 서로 위로가 되고 기댈 수 있는 그러한 마음을 지니고 살아야 하겠습니다.

"인간들은 서로 협조함으로써 자기들이 필요로 하는 것을 훨씬 더 쉽게 마련할 수 있으며, 단결된 힘에 의하여 사방에서 그들을 포위하고 있는 위험을 훨씬 더 쉽게 모면할 수 있다는 것을 깨닫게 될 것이다"라고 스피노자는 말했지요.

"우리는 협동하기 위해서 태어났다. 발이 그렇고, 손이 그렇고, 눈꺼풀이 그렇고 위아래 턱이 그러하듯이."라고 마르크스 아우렐리우스가 말했지요.

서로의 고통과 아픔을 함께 품어주고 기대며 살아갈 때 사는 맛을 느끼게 되는 것인데, 우리는 때때로, 또는 아예 망각하며 살아가는 이유가 무엇일까요?

아마도 밝은 태양이, 신선한 공기가, 맑은 물, 어머니의 사랑, 애틋한 사랑이 무한하고 당연한 것으로 받아들이며 고마움을 잊고 살아가기 때문이 아닐까요?

우리는 자신의 꿈을 펼치면서 그 모든ㅋ 것을 나누며 좋은 관계를 맺고 살아갈 수 있음에 감사하는 마음을 지니는 것이 중요하겠지요.

4부

대나무 같은 삶

기도하는 마음

　우리 인간은 태곳적 원시문화에서 기댈 곳 없는 무방비 상태에서 안전과 두려움으로부터 벗어나기 위해서 힘이 세다고 생각되는 것에 무작정 매달리며 도와달라고 기도를 많이 해 왔지요.

　그러다가 인간이 창조주 하느님(神)이라는 존재를 알고부터 하느님께 기도를 바치면서, 의식과 형식을 갖춘 종교의 핵심 사항이 되었지요.

　그러나 기도는 어디까지나 종교적 의식을 떠나 언제 어디서나 어느 누구도 자유스럽게 할 수 있는 것이고, 불교, 기독교, 마호메트교만의 전유물도 아니며 진정한 기도는 어떠한 언어와도 상관없이 침묵 속에서 살아있음에, 남과 함께 함에, 감사하며 신에게 절을 하는 행위라고 볼 수 있을 것입니다.

　동시에 우리의 생각을 어떠한 틀에서도 벗어나 자유스럽게 하시여 마음 것 상상하고 꿈을 갖게 하시며 무한한 믿음을 바탕으로 삶의 공동체를 이루어 주심에 감사, 또 감사함을 바치는 행위라고 할 것입니다.

　물론 종교에 입문할 때, 대부분 처음에는 기복을 바라며 하느님께 의지하고자 하지만, 기도를 많이 하다 보면, 지기 자신에 대한 기도는 슬그머니 사라지고 감사한 마음과 동시에 주위의 가까운 남(부모, 형제, 부부, 자식, 친구, 동료, 이웃 등)에 대하여 기도를 바치며, 때때로 모르지만 어렵고 소외된 사람들, 사회, 국가를 위해 기도를 바치게 됩니다.

　자기만을 위한 기도나 남을 저주하는 기도는 결코 성립되지 않는 것 같습니다. 자기 자신에 대한 기도는 오직 자신이 원하는 바를 이룩하기 위해서 해야 할 일과 그것을 하기 위해 최선을 다할 수 있는 능력과 기회를 바라는 경우가 되겠지요.

기도의 핵심 중에 또 하나의 요소는, 자신의 에고(EGO)를 완전히 제거해주시기를 간절히 바라는 것이라 생각합니다. 그것은 곧 마음을 비운다는 것인데, 마음을 비움으로써 신(神)을 온전히 모실 수 있다는 것과 그 에고가 구름 속에 숨겨 두었던 찬란한 태양이 모든 아름다움과 사랑, 영광을 가득히 비추게 해 줄 것입니다.

그렇게 마음을 비움으로써 그 빈 공간에 타인의 마음을 받아들여 함께 새로운 지혜를 창출하여 사랑의 공동체를 만들어갈 수 있을 것입니다.

"단 하나의 하늘에 울려진 고마워하는 생각이 완전한 기도이다."라고 테싱은 말했고, "자기 영혼을, 기도 속에다 함빡 적신 사람들은, 모든 고민을 조용히 견딜 수 있다."라고 R.M. 밀른은 말하며, "진실로 최상(最上)을 알려고 하는가? 무조건 성인(聖人)의 말씀을 반복하며 기도, 묵상을 하라."라고 나폴레옹 1세는 말했듯이 기도는 살아있음에 창조주 하느님께 감사드리며, 그 영(靈)을 받아 모든 두려움을 녹이고 삶의 활력을 얻어, 지혜로운 삶을 누리게 하는 것 같습니다.

감사의 기도, 사랑의 기도, 기도가 자기 자신은 물론, 모든 이에게 희망과 용기를 주어 하루하루 보람된 삶을 살게 될 것입니다.

"어떠한 고통도 간절한 기도 앞에서는 무릎을 꿇는다."는 사실을 마음에 품고 사실 것을 적극 권하는 바입니다. 기도하는 당신! 정말 아름답고 믿음이 가네요.

 ## 오해와 편견

　우리 각자는 자기 나름대로의 특성을 지니고 태어났고, 삶도 환경과 여건에 따라 영향을 받기에, 거기다가 남자(男子)와 여자(女子)의 성적(性的)인 차이는 근본적으로 너무나 다르기 때문에 부부지간의 오해나 편견이 매우 심하지요.

　또한 아무리 가까운 믿음의 사이라도, 느닷없이 남의 얘기만 듣고, 일방적으로 판단하고 그것을 마음에 품고 있다 보면 의심의 경지로 가는 경우가 참 많아 나중에는 돌이킬 수 없는 상황에 빠지게 되지요.

　설사 남의 얘기를 들어 생기는 오해가 아니더라도, 어떠한 큰 사건이 벌어졌을 때, 그것을 대하는 행동을 보고, '어찌 저렇게 행동할 수 있을까?' 하며 의심을 품게 되는 경우가 참 많지요.

　중고등생인 딸 둘을 두고 있는 부부가 있었는데, 어느 날 남편이 죽어 장례식을 치루면서 엄마가 울지도 않으며 전혀 슬픈 내색도 없이 덤덤하게 사람을 대하는 것을 보고, 두 딸은 엄마를 섭섭하게 생각하며 의심을 하게 되지요.

　심지어 막바지에 가서는 '엄마가 딴 남자가 있는 것이 틀림없어.'라고 결론을 내리고 엄마에게 따졌지요. 사실 엄마는 남편이 일찍 돌아가서 앞길이 막막하여 아이들에게 굳건함을 보여주려다 보니 생긴 일인데 말입니다.

　일방적인 상상과 오해는 급기야 살인적(殺人的) 결과를 낳을 수 있다는 사실이지요. 마음에 들지 않는 모습이 있다면 서로간의 대화를 통해서 풀 수 있습니다. 문제는 얘기하지 않고 자기만의 세계에 빠져서 '편견'을 가지고 판단한다는 것이지요. 그리고 그 나쁜 결과는, 자기 자신에게 그대로 되돌아온다는 사실입니다.

'오해(MISUNDERSTANDING)'와 '편견(PREJUDICE)'이 얼마나 많은 사람들에게 아픔과 상처를 가져다주는 지를 깨닫는 것만으로도 원만한 인간관계를 유지하는데 많은 도움이 될 것입니다.

"많은 오해보다는 차라리 거의 이해하지 못하는 편이 더 낫다."라고 A. 프랑스가 말했듯이 오해는 예리한 칼보다도 더 많은 문제점을 낳으며 상처를 주지요.

그리고 많은 사람들 중 한 사람에게만 특별한 대우를 한다면, 다른 사람에 대한 차별을 두는 것이 기에 그로 인한 편견을 갖게 된다는 사실도 잊지 말아야 하겠습니다.

그래서 한 사람 말만 들으면, 친한 사이도 멀어진다는 사실을 인지하고 사는 것이 매우 중요합니다. 자신이 이해를 떠나 오해를 받고 있다면, 일단 자신의 삶의 매우 중요한 사항에 문제가 있다고 보고 자신을 한 번쯤 뒤돌아볼 필요가 있을 것입니다.

어떠한 나쁜 얘기나 오해를 낳을만한 것들은 필히 시간을 두고 양쪽 말을 들어 보고 어떠한 이해 관계적 사항을 떠나 냉철하게 판단하는 습관을 부단히 기르면 좋겠습니다.

특히 '뒷담화'를 즐기는 사람들이 많은데, 대개의 경우 악의(惡意)는 없는데도 얘기를 하다 보면 나중에는 자의든 타의든 간에 전혀 다른 얘기로 상대에게 상처를 주고 급기야 인격을 말살하는 경우일 것입니다.

굳이 얘기하고 싶다면, 마지막에는 그 사람만의 장점으로 마무리하고자 한다면, 그 돌이킬 수 없는 악담은 없었던 것으로 될 수도 있을 것입니다.

많이 이해하는 사람은 비교적 적게 이해하는 자보다 성격상 더 큰 단순(單純)함을 나타냄으로서 불필요한 것으로 얘기를 엮어 남의 흉을 보고나 부정적인 비판을 하지 않는다는 것입니다.

일반적으로, 스스로 선(善)하다고 생각하는 사람들이 자기가 선하기에 자기가 얘기하는 것은 다 옳다고 생각하는 경우가 많아 뒷담 얘기를 아무 거리낌 없이 얘기하며 많은 오해와 상처를 주지요.

하루는 수다스러운 소크라테스의 친구가 어느 누구의 말을 듣고 와서, 헐레벌떡 얘기하고자 하니까, "하고자 하는 얘기가 자네 스스로 확인된 얘기인가? 매우 중요한 얘기인가? 그 말에 책임질 수 있는가? 그렇다면 얘기하시게나." 했더니 그 친구는 그만 머뭇거리면서 말을 하지 않았다는 우화가 있지요.

편견은 무지(無知)의 산물이며, 편견처럼 강한 것도 없으며, 편견은 스스로 합리적이라고 얼버무리지 않으면 결코 안심이 안 되는 속성을 지니고 있지요.

"세상 사람들은 자기가 좋아하는 것은 신기하고 옳다고 하며, 싫어하는 것은 별 것이 아니고 썩었다고 한다. 그러나 썩은 것이 다시 변하여 신기한 것이 되고, 신기한 것이 변하여 썩은 것이 된다."고 맹자가 말했지요.

많은 사람들이 억울하게 상처를 입고, 경우에 따라서는 죽음에 이르는 뒷담화는 이제 그만해야 하겠습니다.

말 한 마디의 운명

1825년 러시아 알렉산드르 1세가 죽은 뒤에, 니콜라이 1세가 즉위하자마자 데카브리스트(Dekabrist)들이 러시아의 근대화를 요구하며 반란을 일으켰습니다.

황제는 황실 근위대인 코작 기병대를 동원해 사흘 만에 이들을 무자비하게 진압하고 주동자 5명에게 교수형을 선고했습니다.

이때 운 좋게도 콘드라티 릴레예프(Kondratii Fyodorvich Ryleev)의 목을 매단 밧줄이 그만 끊어지고 말았습니다. 시인이었던 그는 벌떡 일어나 군중을 향해 의기양양하게 소리쳤습니다.

"이 밧줄을 보라! 러시아는 제대로 할 수 있는 것이 하나도 없다. 밧줄 하나 제대로 못 만들지 않는가!"

그 당시 유럽의 다른 나라처럼 러시아에서도 사형장 밧줄이 끊어진 경우 이를 신의 섭리라 믿고 사면해주는 게 관례였습니다. 니콜라이 1세도 별 수가 없었습니다. 사면장에 서명을 하다가 그가 물었습니다.

"기적이 일어난 뒤 릴레예프가 뭐라던가?"

신하가 "러시아는 밧줄 하나도 제대로 만들지 못한다."고 조롱했다고 전하자, 황제는 화를 내며 사면장을 찢어버렸습니다.

"그 말이 틀렸음을 증명하도록 하라!"

릴리예프는 다음 날 교수대에 다시 섰습니다. 이번엔 줄이 끊어지지 않았습니다. 입방정은 신도 봐줄 수가 없었습니다. 어차피 방면될 것이라고 믿었기에 홧김에 내뱉은 말 한마디로 비극의 운명은 시작된 것입니다.

무의식적으로 하는 말조차도 자꾸만 반복하다 보면, 말한 대로 결과가 이루어지는데 이를 '자기이행적 예언(Self-Fulfilling Prophecy)'이라고 합니다.

밧줄이 끊어질 때, 그냥 "신이여 감사합니다!"라고 외쳤다면 되는 것인데 말입니다. 부정적인 말이 '실패와 불행'을 부르고, 긍정적인 말이 '성공과 행복'을 가져 온다는 사실이 입증되는 순간이 된 것이지요.

행복한 사람들은 모두 비슷한 이유로 행복하지만, 불행한 사람들은 저마다의 이유로 불행하다고 합니다.

무슨 일을 하건 행복한 사람들은 한 가지 공통점이 있습니다. 하나같이 긍정적인 생각과 희망을 가진다는 것이지요.

불행에서 벗어나는 길은 간단합니다. 부정적으로 생각하기를 멈추고 긍정적으로 생각하면 되는 것이지요. 지극히 간단한 것인데 이것이 뜻대로 잘 지켜지지 못하는 것은 창조주 하느님의 뜻, 사랑으로 감사하는 마음의 결여로 오만함과 불손함에서 기인되는 것이지요.

그림자가 싫다면 태양을 향해 돌아서면 되듯이, 불행에서 벗어나고 싶다면, 행복을 선택하면 됩니다. 어떠한 순간에도 냉소적이거나 불손하지 않는다면, 누구나 행복해 질 수 있다는 사실을 진심으로 믿는다면 그는 결코 불행하지 않을 것입니다.

힘들고 지칠 때는, 우리에게는 그것을 이겨낼 힘이 있다는 것을 확신하고, 어떠한 냉소가 악마의 손을 잡으려 할 때 과감히 뿌리칠 수 있을 것입니다.

특히 결정적인 순간에 자기 스스로를 이기지 못하여 오만불손으로 자기 운명을 짓밟는 경우가 되겠지요. 우리는 매 순간 그 상황에 대해 창조주 하느님의 뜻으로 알고 감사한 마음으로 받아들이는 습관을 꾸준히 만들어 가야 할 것입니다.

생각이 말이 되고, 말이 행동이 되며 행동이 습관이 되고 그 습관이 운명이 된다고 하듯이, 긍정적 습관, 즉 매사에 감사하고 겸허한 자세로 최선을 다할 때 창조주 하느님께서는 결코 외면하지 않을 것입니다.

우리의 언어가 곧 우리의 운명이라는 것, 명석한 언어는 명석한 사고로 인도하고, 섬세한 언어는 섬세한 감성을 가능케 하여 감동을 주며, 긍정적인 관계를 갖게 한다는 사실을 잊지 말아야 하겠습니다.

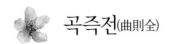
곡즉전(曲則全)

곡즉전은 노자(老子)의 도덕경(道德經)에 나오는 말로 굽어서(曲) 온전할 수 있다는 뜻이지요. 지상의 모든 길, 강, 나무는 적당히 휘어져 있어 자신의 임무를 다할 수 있고 지하의 온갖 나무뿌리도 알맞게 굽어서 척박한 땅 속에서도 자신의 생명을 보존하고 성장할 수 있다는 것입니다.

길이나 강이 휘어져 흐를지라도 크게 보면 방향은 일정하다는 점입니다. 길이나 강이 방향을 잃어버리면 그것은 더 이상 길도 아니고 강도 아니겠지요. 지향할 곳이 없으면 길이 아니고 도달할 곳이 없으면 강이 아니기 때문입니다. 그 길은 로마로 가는 길일 수도 있고, 그 강은 태평양으로 흘러가는 강이 될 수 있을 것입니다.

곡즉전(曲則全)하면 인생길이 생각납니다. 인생길은 굽이굽이 휘돌아 마침내 어느 한 곳에 도달하는 길이요, 흐름이지요.

인생을 살다보면 곧은 데도 있고 굽은 데도 있듯이 우리가 선택하지 않은 난관도 있고 선택한 시행착오(施行錯誤)도 있습니다. 쉽고 편할 때도 있고 힘겹고 어려울 때도 있고 기쁠 때도 있는가 하면 슬플 때도 있습니다.

하지만, 선택했든 아니든 모든 길은 저마다 자기 앞의 생을 살아가는 과정이기에 피할 수도 없고 피할 필요도 없는 것이지요. 중요한 것은 자신이 가야 할 목표와 방향을 절대로 잃어버리지 않는 것입니다.

꿈은 언젠가는 이루어집니다. 생각을 바꾸면 삶이 바뀌는 데 모든 장애물은 바로 우리 마음 안에 있거든요. 우리 마음은 생각과 달리 신비하고 오묘해서 우리 뜻대로 쉽게 움직일 수 없습니다.

확실하게 마음을 다스리며 자기의 꿈을 이루고자 한다면, 항상 마음을 비어두고 창조주 하느님의 뜻에 따라, 반복적인 행동으로 순간순간 최선을 다하는 습관을 기르며 그 과정을 즐기면서 하루를 끝내고, "우리 인생은, 어느 때나 무엇보다도, 우리가 할 수 있는 것의 자각(自覺, 깨달음)이다."라고 J. 오르데가 이 가세트가 말했듯이, '오늘 나는 최선을 다했는가?' 자문하면서 마무리하는 습관을 갖다 보면, 그것이 언젠가부터 '기쁨의 씨앗'이 되어 삶의 행복을 느끼게 하지요.

삶은 결코, 행복도 또한 일상(日常)의 모자이크를 쌓아가는 한 순간, 한 순간의 과정을 즐기는 것이라고 할 수 있을 것입니다.

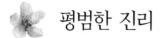

평범한 진리

새가 살아있을 때는 개미를 먹지요. 그러나 새가 죽으면 개미가 새를 먹습니다. 시간과 환경은 언제든지 변할 수 있다는 사실을 알면서도 시간이 지나면 까마득하게 잊고, 천 년, 만 년 살 것처럼 마구 행동하지요. 옛말에 '원수는 외나무다리에서 만난다'는 만고의 진리가 있듯이 당신 인생에서 만나는 누구든지 무시하거나 상처를 주지 마시라는 것입니다.

지금 당신은 힘이 있을지 모르지만, 그러나 기억하십시오. 시간이 당신보다 더 힘이 있다는 사실을… 시간은 언젠가 정의의 편에 서서 억울함을 해소해 주니까요.

하나의 나무가 백만 개의 성냥개비를 만들지요. 그러나 백만 개의 나무를 태우는 데는 성냥 한 개비로도 족하다는 사실을 종종 잊고 살지요. 그러하거늘, 항상 좋은 사람이 되고 좋게 행동하는 것이 지혜로운 삶을 살게 될 것입니다. 힘이 있다고, 유리한 입장에 있다고, 일방적인 행동을 하거나 무시할 때, 상대는 필히 기억하고 있다가 칼을 갈며 때가 때면 휘두를 생각을 할 것입니다.

아무리 사소한 일이라고 생각돼도, 그것을 받아들이는 상대에 따라, 반응이 다르기 때문에, 아무리 상대가 자신보다 낮은 위치에 있거나, 하찮은 존재라고 느껴도 결코 간과하지 말고 필히 신속하게 그에 상당한 미안함이나 사과를 표하는 것이 매우 중요하다는 사실을 기억하시면서, 원천적으로 증오와 원한의 씨앗이 싹트지 못하게 하라는 것입니다.

일반적으로 지혜롭고 성공적인 삶을 사는 사람들은 결코 거대한 것이 스쳐 지나가도, 또는 지극히 평범하고 사소한 것이라도 결코 무시하거나 소홀히 하지 않고 덤덤하게 사실을 있는 그대로 차분히 받아들인다는 사실을 잊지 말아야 하겠습니다. 그 사소하고 보잘 것 없는 것들이 쌓여 삶의 순환과정에서 필히 나타나 보복하거나 문제를 야기시킨다는 것이지요.

예수나 부처, 소크라테스 같은 분들은, 어떠한 상황, 어느 누구에게도 똑같이 한 사람 한 사람, 한 순간 한 순간을 소홀하지 않았다는 사실을 마음에 새기며 살아야 할 것입니다. 이러한 자세가 4차 산업시대의 핵심 요소이기도 하고요.

"ALWAYS TOGETHER WITH YOU"

오리(梧里) 정승과 이순신 장군

이조 임진왜란 때, 대위 같은 계급에서 별 두 개 소장으로 파격진급을 하고 현지에 부임한 이순신 장군은, 당시 경상 좌수사 박홍과 경상 우수영 원균, 그리고 전라 우수사 이억기를 만났습니다.

전라 좌수영 절도사로 내려 왔으니 예나 지금이나 군대 조직에서 파격적인 계급장을 달고 내려온 이순신을 보고 이들이 가만있었을 리가 있었겠습니까?

1597년(정유년) 2월 원균의 모함으로 이순신은 한산통제영에서 체포되어 한양으로 압송되어 국형장이 열리고, 선조 임금이 지켜보고 있는 가운데 문무백관, 200명 모두가 이순신은 역적이오니 죽여야 하옵니다 하면서, 아침부터 다음날 새벽까지 문무백관들 모두 이순신을 죽여야 한다고 선조임금을 압박하고, 심지어 이순신을 발탁해주고 6계급 파격으로 진급을 시키는데 크게 힘을 써준 유성룡까지도, '공(公)은 공 사(私)는 사'라고 하며 이순신을 죽여야 한다는 문무백관들의 의견에 반대를 못했으니, 당시 이순신의 역적누명 상황이 어떠했겠는가를 미루어 짐작이 가고도 남습니다. 오늘날, 현 사회에서도 상상을 초월하는 일이지요.

그런데 이틀이 걸려도 이순신의 형을 집행을 못하고 있었던 이유는, 당시에 영의정 겸 도체찰사(국가비상사태 직무 총사령관)인 '오리 이원익(梧里 李元翼)'이 선조 임금의 어명으로 임진왜란의 전시상태에서 모든 권한을 쥐고 있었기 때문입니다.

그러니까 전시상태에서 아무리 임금과 문무백관들이 이순신을 죽여야 한다고 외쳐도 도체찰사인 이원익의 승낙 없이는 선조 임금도 어쩔 수 없는 상황이었습니다. 이원익은 거듭되는 선조 임금의 형 집행 재촉에, 청사에 길이 남는 그 유명한 명대사를 남겼지요.

"전하께서 전시 중에 신(臣)을 폐하지 못하시는 것처럼, 신 또한 전쟁 중에 삼도수군통제사인 이순신을 해임 못하옵니다."

이원익의 이 말 한마디에 선조 임금도 체념을 하고 드디어 이틀이나 걸린 이순신 국형장에서 문무백관들이 지켜보는 가운데에서, "도체찰사가 그리 말을 하니 이순신이 죄가 없는가 보구나."라며 이순신은 사형을 면하게 되었습니다.

자, 당시에 문무백관 199명 대 1 즉, 이원익 딱 한 사람만이 반대를 하여 이순신을 살려 낸 것입니다. 자신을 낮추고 오직 나라와 백성만 떠받든 공복, '그가 있으면 온갖 사물이 제자리를 잡게 되는' 소박한, 그러나 비범한 조선의 대표적 청백리 초가집 명재상 오리 이원익 대감.

아무리 힘들더라도 마음을 알아주는 딱 한 사람만 있으면 외롭지가 않은 것이 본래 사내대장부들의 기질이라고 생각되는군요. 그것도 목숨이 왔다갔다 하는 전쟁통에는 더하지 않았겠습니까?

그래도 이순신 장군은 행복한 분이었습니다. 조선 500년의 상징 청백리 오리 정승 이원익 대감 같으신 분이 계셨으니 말입니다.

비록 이순신이 나이가 어려도 사람의 됨됨이와 능력을 알고, 그를 끝까지 지켜준 이원익과 이순신 장군과의 묵시적인 끈끈한 신뢰 관계와 나라를 위해 목숨을 걸고 순직하면서까지 전투에 임한 이순신 장군의 헌신이 이순신 장군으로 하여금 세계적인 명장(名將)으로 우뚝 서게 하였지요.

우리 민족이 숱한 외침을 당했어도 위기 때마다 이원익, 유성룡, 이순신 같으신 분들이 시대에 따라 나라를 지켜주었고, 그보다도 오천년 역사의 단군조선의 홍익사상, 즉 선비사상과 효사상(孝思想)의 뿌리가 깊은데다가 그 어느 나라도 우리민족보다 지식이나 두뇌 그리고 강인한 성격을 감당하기 어려웠기 때문에 직접적인 통솔을 할 수가 없었고 오직 조공 형식의 간접적 통제를 한 경우가 전부라고 생각되는군요. 아마도 세계 어느 민족도 우리나라를 넘보기에는 그리 쉽지 않을 것입니다.

우리가 꼭 명심해야 할 것은 선진국이 250여 년에 걸쳐 이룩한 경제성장을 우리는 단 70여 년 만에 이룩했다는 것은 인류 역사상 아직까지 찾아볼 수 없는 특별한 사례이지요.

단 문제가 생기는 것이 물질적인 경제성장에만 몰두하다 보니 정신적, 영적인 면에 소홀히 하여 철저한 국가관이나 삶의 가치, 즉 진정한 행복의 의미를 망각한 채 오늘에 이르러 정치, 경제, 사회, 문화적인 조화로움의 부족으로 가치 기준의 혼동을 겪고 있지만, 우리 국민은 슬기롭게 극복할 것이라 믿으며 여러분들께서도 긍정적이고 희망적인 접근을 하시기를 바랍니다.

지금 정치 상황이 지극히 실망스럽지만 그래도 조만간 위대한 지도자가 나타나 지속발전적으로 나라를 잘 이끌어갈 것이라 확신하면서 힘찬 하루를 맞이해야 하겠습니다.

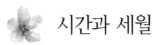

시간과 세월

시간은 흐름은 매끄럽게 미끄러져서 우리가 인식하기 전에 자나가 버리지요. "지나가 버린 순간은, 전지전능하신 하느님께서도 다시는 되돌려 놓지 않는다."라고 에머슨이 말했고, "나이는 시간과 함께 달려가고, 뜻은 세월과 더불어 사라져 간다. 드디어 말라 떨어진 뒤에 궁한 집 속에서 탄식한들 어찌 되돌릴 수 있으랴"라고 소학(小學)은 전합니다.

독일 문학의 최고봉이라 일컫는 '괴테'는 시간의 중요성을 강조한 문학가이자 철학자이지요. 그의 대표작 『파우스트』는 구성에서 완성까지 60년이나 걸렸고, 그가 죽기 전에 완성을 했다고 합니다.

"지금 이 순간 우리가 숨 쉬며 살아있다면 가장 행복하게 누려야 할 순간이 바로 지금이다."라고 강조했던 괴테는 오늘에 충실한 삶을 사는 것이 희망이요, 행복이라고 하였지요.

60년이라는 세월을 한결같이 『파우스트』라는 걸작을 탄생시키기 위해 하루하루라는 순간에 최선을 다하며 삶의 즐거움과 기쁨을 느끼며 행복한 삶의 마무리를 한 것이라 하겠습니다.

시간은 나이를 먹을수록 우리를 가르치며, 최선을 다하는 자에게 진실을 보여주고, 시간은 힘들 때 우리를 위로도 하며, 시간은 우리 인간이 소비할 수 있는 가장 가치 있는 것이지요.

이렇게 귀중한 시간이건만, 현재 살고 있는 우리들은 자신의 일을 신속하게 하지 않을 때는 시간을 잃는다고 생각하지요. 그러나 막상 시간이 생기면 제대로 활용하지 못하고 무엇을 해야 할 지에 망설이며 시간을 허비하지요.

"영원(永遠)을 사랑하거든, 시간(時間)을 이용하라."라고 F. 퀼즈가 말했듯이 시간은 하나의 요소요, 영원의 표상이며, 모든 것을 변화시키는 개혁자(改革者)며, 세상의 혼(魂)이라는 말이 떠오르는군요.

물론 시간은 신(神)의 영역이기에, 창조주 하느님의 뜻에 따라 최선을 다할 때 그 진가를 발휘할 수 있겠지요.

일반적으로 천재(天才)나 위인(偉人)들은 평범한 사람들이 소요하는 시간에 1/10도 걸리지 않고 일을 마무리하거나 또는 남보다 10배 이상 인내하며 시간(時間)을 초월(超越)하는 사람들이 아닌가 봅니다.

법정스님께서 "세월이 가는 것이 아니라, 시간 속에서 우리가 오가고 있는 것이다."라고 하신 말씀이 생각나는군요.

당신의 세월은 어떠하신지요? 혹시 나이나 건강 때문에 고민하신다면 그저 '꿈' 하나는 품고 사십시오. 혹시 없으시다면 억지로라도 만들어 보십시오.

지혜로운 삶의 경제학

어느 날 멀리 떨어져 살던 아들을 보기위해 어머니가 상경했습니다. 오랜만에 만난 모자는 밤새 정다운 대화를 나누었습니다. 서로가 바쁜 삶을 사는 터라 이튿날 헤어져야 했습니다.

아들은 힘들게 사는 어머니를 생각해 월세를 내려고 찾아 둔 20만 원을 어머니 지갑에 몰래 넣어 드렸습니다. 배웅을 하고 돌아와 지갑에서 뜻하지 않은 돈을 발견하고 놀라는 어머니의 모습을 떠올리며 흐뭇해하였지요.

그런데 그는 책상에 펴 놓았던 책갈피에서 20만 원과 어머니의 편지를 발견했습니다.

'요즘 힘들지? 방값 내는 데라도 보태거라.'

독일 작가 케스트너의 소설에 나오는 이야기입니다. 경제학적으로 보자면 아들과 어머니 모두에게 이득도 손해도 없는 교환을 한 셈입니다. 그러나 케스트너는 이런 경제 방정식과 다른 '윤리방정식'을 보여줍니다.

아들은 어머니를 위해 20만 원을 썼고 어머니가 준 20만 원이 생겼으니 40만 원의 이득이 있었습니다. 어머니 역시 아들을 위해 20만 원을 썼고 아들이 준 20만 원이 생겼으니 40만 원의 이득이 생겼습니다. 그러니 도합 80만 원의 순 이득이 발생했다는 것입니다.

이처럼 대가를 바라지 않으면서 남을 위해 무언가를 할 때 경제방정식으로 나타나지 않는 순 이득이 발생합니다. 그리고 윤리 방정식이 표시하는 숫자에다가 '기쁨'이라는 막대한 '이득'을 덤으로 줍니다. 참 아름다운 계산법입니다.

우리는 위의 글을 읽으면서 꼭 깨달아야 할 사항은 서로가 아무 조건 없이 상대를 위해 지속적으로 베푸는 행위는 서로에게 기하급수적으로 신뢰와 감사한 마음을 품게 하여 무한한 행복을 느끼게 한다는 것입니다.

우리는 비록 돈이라는 것을 떠나, 수시로 인부도 전하면서 본인 스스로가 소중하게 여기는 가족, 친구, 이웃을 위해 '더불어의 마음'을 매일 기도와 묵상으로 끈을 이어간다면, 구름에 가려진 연을 연끈으로 느낄 수 있듯이 '관계 속의 행복'을 꾸준히 만들어 가시기를 바랍니다.

그렇게 하다 보면, 언제 봐도 어제 본 것 같은 친근감으로 변함없는 관계를 갖게 되지요. 이러한 것이 '진정한 삶의 지혜'가 아닐까요?

행복은 거창한 것이 아니라 일상(日常)의 잔잔한 관심과 배려라는 사실을 잊지 말아야 하겠습니다. 그동안 바쁘다는 핑계로, 또한 코로나 사태로 인한 만남의 어려움 속에서도 우리는 부단히 위의 어머니와 아들의 관계처럼 어떠한 상황과 경우에도 항상 '애틋한 정(情)'을 품고 나눌 때 변함없는 관계로 이어지면서 힘들 때 삶의 활력을 불어넣어줄 것입니다.

형제나 부모자식 간의 정처럼 서로 주고받는 하루가 되었으면 합니다.

삶의 교훈

어떤 사람이 어느 사슴목장을 찾았습니다. 주인 어르신과 얘기를 나눴지요.

"사슴이 몇 마리나 되나요?"

"289마리요."

"그럼 어르신 올해 연세가 어떻게 되십니까?"

"한 80넘었는데, 끝자리는 잘 모르고 산다오."

"아니, 사슴 숫자는 정확히 아시면서 어찌 어르신 나이는 모르십니까?"

"그거야 사슴은 훔쳐가는 놈이 많아서 매일 세어 보지만 내 나이야 훔쳐가는 놈이 없어서 그냥저냥 산다오. 나이란 모두가 자동으로 매년 한 살씩 먹는 겁니다. 어떤 사람은 욕심이 많아서 서너 살씩 더 먹는 사람도 있지요. 어떤 사람은 맘이 착해서 서너 살씩 뚝 떼어서 남에게 그냥 주는 사람도 있어요. 같은 나이인데도 더 늙어 보이는 사람이 있는가 하면 젊어 보이는 사람도 있지요."

그는 어느 날, 장수마을에 갔더니 105세 어르신이 계셨습니다.

"장수 비결이 뭡니까?"

"안 죽으니깐 오래 살지!"

"올해 연세가 어떻게 되세요?"

"다섯 살밖에 안 먹었어."

"네? 무슨 말씀이신지…."

"100살은 무거워서 집에다 두고 다녀."

낙천적이고 긍정적인 생각이 장수의 비결이란 말이지요.

"저, 어르신. 105년 살면서 많은 사람들이 어르신 욕하고 음해하고, 그래서 열 받았을 텐데, 그걸 어떻게 해결하고 이렇게 오래 사세요? 우리 같으면 못 참고 스트레스 받아서 죽었을 텐데요."

그랬더니 너무나 간단한 답을 주셨습니다.

"그거야 쉽지. 욕을 하든 말든 내버려뒀더니, 다 씹다가 지가 먼저 죽었어. 나 욕하던 녀석은 세상에 한 놈도 안 남았어."

예나 지금이나 남을 의식하거나, 나이 먹음에 민감한 사람들보다, 바람 부는 대로, 구름처럼 흘러가는 대로 살아가는 사람들이 장수하는 것 같습니다.

사실 자신의 삶을 어떻게 살 것인가? 배우고 안 배우고를 떠나, 성인이 되면 스스로 대충 삶의 개념을 갖고 살아가려고 하지요.

요는 돈, 명예, 권력 같은 삶의 수단을 어느 정도 지니고 살아야만 행복할 것인가에 초점을 두다 보면, 밑도 끝도 없이 무한한 욕망과 남과의 비교로 인한 불안정하기에 잠깐 행복감을 느낄 수는 있겠지만, 지속적인 기쁨을 누리기에는 불가능하지요.

위의 장수 할아버지처럼, 남을 의식하지 않고 하루하루 살아있음에 '감사하는 마음' 그 자체가 '행복의 핵심'이라는 것이지요.

행복 하고 싶으신가요? 오래 살고 싶으신가요? 돈 안들이고 행복할 수 있는 최선의 방법은, 그저 살아있음에 감사하고, 오늘 하루를 무사히 보내고 관계했던 모든 사람을 그리며 무조건 감사의 기도를 드려보시지요. 자기도 모르게 안락한 잠에 스며들 것입니다.

저처럼 '덤으로 사는 인생', 그저 감사한 마음으로 더불어 함에 더욱 즐겁고 기쁜 마음 그지없지요. 태양(太陽) 앞에 선 우리 모두는 다 똑같지 않나요?

작은 배려

미국 필라델피아에서 일어난 일입니다. 하늘에 구름이 잔뜩 낀 어느 날 오후, 갑자기 비가 세차게 내렸습니다. 길에 있던 사람들은 가까운 상점으로 들어가 비를 피했습니다. 온몸이 흠뻑 젖은 한 할머니가 비를 거리며 한 백화점 안으로 들어왔습니다.

많은 종업원들은 비에 젖은 노인의 모습을 보고도 외면했습니다. 할머니의 옷차림이 누추했기 때문입니다. 이때 필립이라는 젊은이가 할머니에게 친절하게 다가가 말했습니다.

"할머니! 제가 도와드릴 일이라도 있습니까?"

할머니는 빙그레 웃으며 대답했습니다.

"괜찮아요. 여기서 잠깐 비를 피하고 갈 거예요."

할머니는 남의 건물에서 비를 피하고 있자니 미안한 마음에 백화점을 돌아보기 시작했습니다. 머리핀이라도 하나 사면 비를 피하는 일이 좀 떳떳해지지 않을까 생각했던 것입니다. 할머니의 표정을 살피던 필립이 또 다가와서 말했습니다.

"할머니, 불편해하실 필요 없습니다. 제가 의자를 하나 가져다 드릴 테니 그냥 앉아서 쉬시면 됩니다."

두 시간 뒤 비가 그치고 날이 개었습니다. 할머니는 다시 한번 필립에게 고맙다는 인사를 하고는 명함 한 장을 달라고 했습니다. 그러고는 비틀거리며 비 갠 후 무지개 속으로 걸어 들어갔습니다.

몇 달 후 이 백화점의 사장 제임스는 편지 한 통을 받았습니다. 바로 그 할머니가 쓴 것이었습니다. 그녀는 놀랍게도 당시 미국의 재벌인 강철 왕 카네기의 모친이었습니다.

편지에는 필립을 스코틀랜드로 파견하여 한 성루를 장식할 주문서를 받아가게 할 것과, 그에게 카네기 소속 대기업들이 다음 분기에 쓸 사무용품의 구매를 맡기겠다는 내용이 적혀 있었습니다.

제임스는 놀라움을 금치 못했습니다. 계산해 보니 이 편지 한 통이 가져다 줄 수익은 백화점의 2년 이윤 총액을 웃돌았습니다.

제임스는 바로 필립을 회사의 이사회에 추천했습니다. 필립이 짐을 꾸려 스코틀랜드로 가는 비행기를 탔을 때, 이 스물두 살의 젊은이는 이미 백화점의 중역이 되어 있었습니다.

몇 년 동안 필립은 자신이 늘 보여주었던 선의와 성실함으로 카네기의 손과 발이 되었습니다. 필립은 카네기 가에 공을 세워 이름을 떨쳤으며, 100곳에 달하는 전국의 도서관에 800만 권의 도서를 기증하여 많은 젊은이에게 귀감이 되었습니다.

비록 하잘 것 없어 보이는 늙은 할머니에게 자그마한 관심과 배려를 아끼지 않고 진실 된 마음을 전한다는 것은 지루하고 무상(無常)한 삶에 참된 의미를 부여할 줄 아는 지혜로운 자의 삶입니다.

그러한 자그마한 지혜로움을 부단히 쌓아 남에게 베풀고자 하는 자만이 모든 경계선이 무너지고 모두가 함께 접촉하고 연결하며 만들어 가는 지금의 세상에서 성공적인 삶을 살게 될 것입니다.

과거와 달리, 거창하고 거대한 한 부분의 기적이 아니라 평범한 일상에서 잔잔한 감동으로 전체를 아우르는 그러한 잔잔한 기적이 일어나는 세상에서 살게 될 것입니다.

한 사람, 한 사람, 한 순간, 한 순간의 의미와 한 사람, 한 순간에 최선을 다할 때 그것이 쌓여 '일상의 기적'을 일으킨다는 사실을 잊지 말아야 할 것입니다.

돈보다 고귀한 베풂

아주 오래 전 노래하는 가수 조용필 씨의 명곡인 '비련'에 얽힌 일화를 새삼 공개하고자 합니다. 조용필 씨의 전 매니저인 최동규 씨가 과거 조용필 4집 발매 당시 인터뷰했던 내용 중 일부를 발췌한 것입니다.

조용필 씨가 과거 4집 발매 후 한창 바쁠 때, 한 요양병원 원장에게서 전화가 왔다고 합니다. 그 병원장은 자신의 병원에 14세의 지체장애 여자 아이가 조용필 씨의 4집에 수록된 '비련'을 듣더니 눈물을 흘렸다고 합니다. 입원 8년 만에 기적 같은 반응으로 처음 감정을 나타내어 보인 것이었습니다.

이어 병원 원장은 "이 소녀의 보호자 측에서 돈은 원하는 만큼 줄 테니 조용필 씨가 직접 이 소녀에게 비련을 불러줄 수 없냐, 아니면 잠깐 와서 얼굴이라도 보게 해줄 수 없냐고 부탁을 했다."고 전했답니다.

매니저 최동규 씨는 당시 조용필 씨가 카바레에서 한 곡을 부르면 지금 돈으로 3,000만 원~4,000만 원 정도를 받았다면서 좀 난처하게 얘기를 한 모양입니다.

그렇지만, 조용필 씨에게 매니저 최동규 씨가 이 얘기를 했더니 피던 담배를 바로 툭 끄더니, 곧바로 그 병원으로 출발을 하자고 했다고 합니다. 그날 행사가 4곳이었는데, 모두 취소하고 위약금 물어 주고는 시골 요양병원으로 단숨에 달려갔다고 당시 상황을 설명했습니다. 병원 사람들과 환자의 가족이 놀란 것은 당연했지요.

조용필 씨는 병원에 들어서마자 사연 속의 소녀를 찾았습니다. 소녀는 아무 표정도 없이 멍하니 있었는데, 기적은 이때부터 시작됐습니다. 조용필 씨가 소녀의 손을 잡고 '비련'을 부르자 잠시 전까지 그렇게 무표정이던 그 소녀가 펑펑 우는 것입니다. 소녀의 부모와 주위의 사람까지도 울음바다가 되었습니다.

조용필 씨는 여자 애를 안아주고 사인 CD를 주고서 차에 타려는데, 여자 아이 엄마가 '돈은 어디로 보내면 되냐? 얼마냐?'고 물었습니다. 그러자 조용필 씨는 "따님 눈물이 제 평생 벌었던 돈보다 더 비쌉니다."라고 말했다고 합니다. 세상에는 가슴 따뜻한 사람이 더 많다는 걸 잊지 말아야겠습니다.

그리고 돈보다 귀한 것은 어려운 분들에게 감동과 사랑을 주는 것입니다. 받는 자보다 주는 자가 더 행복한 것 같군요. 우리 자신들도 조용필 씨처럼 남에게 베풀 수 있는 것이 무엇일까를 한 번쯤은 깊이 생각해 볼 필요가 있다고 봅니다.

비록 양다리, 양팔이 없는 일급장애인인 닉, 부이치 부부가 전 세계를 돌며 참된 삶의 가치와 행복을 전하고 있다고 말씀드린 것처럼 가까운 주위에서부터 자신이 베풀 수 있는 것, 아주 작고 사소하며 남들이 귀찮아하고 무시하는 것 중, 자신이 쉽게 할 수 있는 간단한 것이나 그렇지 않으면 자기만이 할 수 있는 것이 있다면 그것을 가지고 차근차근 가능한 한 가벼운 마음으로 접근하시기를 바랍니다.

어떠한 경우든 남을 의식하지 마시고 친구처럼, 가까운 이웃처럼, 형제자매처럼, 부모처럼 대하면 될 것입니다.

조용필 씨처럼 깜짝 쇼보다는 시간이 걸려서 그렇지 세월이 쌓이면서 보다 위대한 기적과 감동을 줄 것입니다.

우리가 꼭 알아야 것은, 양팔 없는 닉, 부이치가 전 세계를 돌아다니며 삶의 고귀함과 희망을 전도하는 것처럼, 시각, 청각, 말을 못하는 헬렌 켈러 여사가 설리번이라는 훌륭한 선생님의 도움을 받아 전 세계의 장애인을 위해 수화법을 만들어 삶의 희망과 기쁨을 준 것처럼, 우리 인간은 어느 누구도 자기만의 고귀한 가치와 능력이 있기에 창조주 하느님의 도움을 받아 이웃, 모든 사람들을 위해서 할 수 있는 것을 찾아 보람되고 위대한 삶을 살아가는 것이 어떨까요?

우리 삶의 최고의 행복은 아낌없이 베푸는 것이라고 생각되는군요. "따님의 눈물이 제 평생 벌었던 돈보다 더 비쌉니다."라고 한 조용필 가수의 겸손하고 상대를 배려하는 한마디가 가슴을 찡하게 하네요.

서로의 진실하고 절실함의 만남은 감격과 감동으로 이어져 어떠한 어려움 속에서도 삶의 기쁨과 보람을 느끼게 하는군요.

마음의 제자리

이 세상에 똑같은 사람, 물건, 특히 똑같은 생각과 느낌도 존재하지 않지요. 오직 창조주 하느님 말씀에 의한 절대적 사랑과 진리만이 있을 뿐이라 생각되는군요.

우리 인간 사회는 하느님의 절대적 사랑과 진리를 근거로 각자 개인 또는 공동체가 상호 합의된 '상대적 진리'에 의거, 도덕, 윤리, 질서, 상식, 법(法)을 만들어 사랑이라는 마음으로 더불어 살아가는 공동체의 일원이라는 사실이지요.

여하튼 하느님과 인간 각자와의 일대 일의 관계이기 때문에 어느 누구도, 어느 집단도 감히 하느님의 절대적인 것으로 간섭하거나 강요하거나 설득하고자 한다면 안 된다는 사실을 확실하게 깨달을 때, 진정한 삶의 공동체가 이루어질 수 있을 것입니다.

지구의 한쪽이 태양빛을 받아 눈부시게 빛나는 오후, 그 반대쪽은 어두운 밤이지요. 종이 한 장에도 겉과 속의 양면이 있으며, 말 한 마디에서도 밝음과 어두움이 있지 않나요?

어느 누구도 고민의 늪에 빠지면 좀처럼 헤어나지 못합니다. 또 이미 저지른 작은 실수가 언제까지고 타다 남은 후회의 불씨가 되어 가슴 속에서 연기를 피우는 경우도 있습니다.

리셋(RESET)이라는 말에는 요즘 컴퓨터의 영향으로 인해 버튼 하나만으로 삶의 방식을 간단히 리셋 할 수 있다고 쉽게 착각하는 부정적인 이미지가 있는가 하면, 그와는 반대로 이제까지의 것들에 얽매이지 않고 심기일전하여 새로운 마음으로 처음부터 다시 시작한다는 긍정적인 이미지도 있습니다.

리셋의 한 방식인 '잠시'라는 말이 있는데, 이 '잠시'라는 생각이나 행위는 인간이 무의식중에 익힌 굉장한 지혜라고 생각하지요. 작업이나 사고를 하는 중간에 이를 중단하고 잠시 기분을 리셋하고 몸과 마음을 모두 새롭게 할 수 있습니다. 좋든 나쁘든 사람은 어느 정도 같은 일을 계속하게 되면, 적당할 때 잠시 쉬어주는 것이 필요하게 되는 것이기 때문이지요.

생각해 보면 자연이라는 것 자체가 리셋의 달인이 아닌가 봅니다. 어제는 비가 오나 싶더니, 오늘은 화창하게 갭니다. 푸른 잎이 무성한가 싶더니, 어느새 단풍이 들고 낙엽이 지지요.

우리가 살아가는 삶의 채널은 하나가 아니라 여럿일 수 있지 않습니까? 마음의 리셋은 이러한 채널을 전환해 보는 것이기도 하지요.

웃으며 살아도 한평생 울면서 살아도 한평생이지요. 그렇다면 당연히 웃으며 살고 싶은 게 인지상정일 것입니다. 이를 위해 어떤 때라도 자기 나름의 리셋으로 마음 한 구석에 여유를 가질 수 있는 그런 삶의 지혜를 가지면 어떨까요?

당신 인생의 채널은 당신이 선택한다는 사실을 잊지 마십시오. 자신이 선택한 채널을 통하여 창조주 하느님과 대화로 무한한 기쁨을 만끽하시기를 바랍니다.

그래서 한자, 정(正)은 '一(한 일)'과 '止(멈출 지)'가 합친 말로써, 올바른 길(正道)을 가기 위해서는 일단 멈추고 생각을 한 다음, 마음을 다시 가다듬고 가야한다는 뜻이겠지요. 이것이 바로 리셋(RESET) 또는 리마인드(REMIND)라고 할 수 있겠군요. 푸른 하늘, 찬란한 햇빛, 우거진 나무, 예쁜 꽃, 봄바람이 찰랑찰랑, 당신을 기다리고 있군요.

진정한 삶의 배려

어느 날 밤, 데일 카네기는 파티에 참석하게 되었습니다. 낯선 사람들과 둘러 앉아 식사를 하는 중 그 옆에 앉아 있던 사람이 "인간이 아무리 일을 하려고 해도 최종적인 결정은 신이 내린다."라고 말하며 성경에 나오는 구절이라고 말했습니다.

그러나 그것은 사실이 아니었습니다. "그것은 셰익스피어의 작품에 나오는 말이었다." 데일 카네기는 즉시 반론을 제기했지요.

"뭐라고요? 말도 안 되는 소리요! 그 말은 분명 성경에 나오는 말입니다!"

마침 옆에 있던 오랫동안 셰익스피어를 연구해 온 프랭크 가몬드에게 물어보았습니다. 그때 가몬드는 식탁 아래로 카네기를 툭 치면서 말했습니다.

"데일, 자네가 틀렸네. 저 신사분의 말씀이 맞아. 그 말은 성경에 있는 말일세!"

카네기는 화가 나서 견딜 수 없었지만 참고 있다가 집에 돌아오는 길에 가몬드에게 물었습니다.

"자네는 그 인용문이 셰익스피어의 작품에 나오는 말이란 것을 잘 알고 있지 않은가?"

"물론 알지, 햄릿 4막 2장이지. 하지만 데일, 우리는 그 즐거운 모임의 손님이잖아. 왜 그 사람이 틀렸다는 것을 증명하려고 하나? 그렇게 하면 그가 자네를 좋아하게 되나? 왜 그 사람 체면을 세워주지 않나? 그가 자네의 의견을 물었나? 왜 그 사람과 논쟁하며 좋은 시간을 망치려고 하나?"

옳고 그름보다 중요한 것은 그 상황에서의 인간관계의 문제에 우선을 두어야 한다는 것이지요. 어떠한 경우든, 자동차보다는 인간의 생명을 우선으로 하는 이치와도 같지요. 비록 논쟁으로 자기의 옳음이 밝혀진들 관계를 망쳐버렸다면 그것이 무슨 의미가 있겠습니까?

물론, 어떠한 세미나나 토론회에서의 옳고 그름을 말하는 경우가 아니라면, 또한 그 상황에서 무엇에 우선으로 초점을 두어야 하느냐에 맞추어 행동하면 될 것입니다. 전투를 이기려 하다가 전쟁에서 패하는 꼴과 같은 맥락이 많지요.

상대방의 명예를 높여 주는 것이야 말로 원만한 사회 공동체를 이룩하는데 가장 옳은 일이라고 생각되지요. 우리 인간은, 특히 지식인, 지도자급 인사들은 자존심과 명예를 대단히 중요하게 생각하며 살아가는 사람들이기에, 가능하면 시비보다는 인간관계에 더 치중하여 좋은 사람을 얻고 친구를 만들어 상대가 자기 스스로 어느 순간 깨달을 때까지 지켜보는 것도 현명한 처사일 것입니다.

우리는 하루하루 살아가면서, 수시로 처해진 상황과 여건에서 '삶의 우선순위'를 확실히 파악하는 습관을 가질 필요가 있다는 것이지요. 물론 하루를 마무리하고 잠들기 전에, '오늘 나는 매사에 최선을 다했는가?'를 물어보고, 내일 해야 할 일의 우선순위를 정하고 편안한 잠에 들어가면 좋을 것입니다.

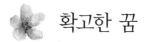 확고한 꿈

끝날 때까지는 끝난 것이 아닙니다. 실패와 좌절도 성공으로 가는 데 거쳐야 할 하나의 과정이거든요.

인내만큼이나 드러나지 않은 꿈의 동반자는 없지요. 우리는 자기 자신을 믿고 자기만의 길을 뒤돌아보지 말고 묵묵히 가면 될 것입니다.

진정 제대로 변하고 싶으신가요? 그렇다면 지금의 자기 자신의 모든 것을 태워 버리십시오. 처절한 실패가 오늘의 나를 만들어 간다는 사실을 깨닫게 될 것입니다.

많이 넘어진 사람만이 쉽게 일어날 수 있지요. 넘어지게 한 걸림돌이 곧 성공의 텃밭이라는 사실도 알게 되지요.

진정한 성공은 다른 사람이 아닌 '나의 삶'을 살아 갈 때 이룩되는 것이며, 성공은 재능이 아닌 강한 의지의 결과라는 사실도 알아야 할 것입니다.

삶에 너무 늦은 때란 없습니다. 좋아하는 일에 자신의 모든 것을 걸고 하루하루 최선을 다하는 마음가짐이 곧 행복의 씨앗이 된다는 사실도 알아야 하겠습니다.

오늘 죽는 한이 있더라도 '가슴 뛰게 하는 꿈'을 가져야 합니다. 꿈은 이 세상 모든 시공간(時空間)을 초월하며 고통을 극복할 수 있는 최고의 명약이라는 것이지요.

성공이란 실패에 어떻게 대처하느냐에 달려 있다고 봅니다. 세상에 도전해서 이루지 못할 일은 없습니다. 돈이나 권력을 추구하기 보다는 가치 있는 삶의 주인공이 되면 어떨까요?

삶은 우리에게 끊임없이 도전을 강요하지요. 실패는 끝이 아닌 과거를 뒤집는 새로운 출발점이라는 사실과, 한 번 실패했다고 세상이 끝나는 것은 아니라는 사실이지요.

그 길이 아니면 안 된다고 믿고, 더 이상 삶으로부터 도망가지 말고, 가고자 하는 방향으로 마음껏 달리시기를 바랍니다.

멈출 것인가, 전진할 것인가. 남의 뒤를 따라가는 것은 결코 전진하는 것이 아닙니다. 어떤 시련도 확실한 꿈 앞에서는 힘을 쓰지 못합니다.

꿈이 없으면 억지로라도 마음에 품으십시오. 꿈의 질, 양을 떠나, 어떠한 꿈도 관계없습니다.

나이를 초월하고 싶으신가요? 과거의 슬픔과, 현재의 고통을 잊고 싶으신가요? 창조주 하느님과 좋은 관계를 맺고 싶으신가요? 그러시다면, 확고한 믿음과 사랑으로 모든 사람들과 함께 더불어 보람된 삶을 만들어 갈 수 있는 공동의 꿈을 만들어 가시기 바랍니다.

한 순간의 실수나 실패가 곧 성공(成功)의 씨앗이요, 디딤돌이 된다는 사실을 깨달을 때, 당신은 목적지로 더욱 힘차게 달려갈 수 있을 것입니다.

당신의 나이는? 20~30대는 마냥 청춘(靑春)이기에 자기 스스로 꿈을 품고 가는 나이지만, 40대부터는 제2단계의 인생(人生), 70대부터는 제3단계의 인생으로, 특히 70대부터는 건강을 유지하며 보람된 삶을 원하신다면, 무조건 '꿈'을 품으실 것을 적극 권장하는 바입니다.

꿈은 나이를 다스리는 불노초(不老草)라는 사실을 잊지 마시고, 비록 오늘이 마지막 날이 되더라도 한그루의 꿈나무를 심으시기를 바랍니다. "당신을 응원합니다."

자기 자리

어떤 미국 사람이 파리에 있는 어느 골동품 가게에서 오래되고 낡아 빛바랜 진주목걸이를 장식품이 마음에 들어 좀 비싼 듯 했지만 500달러에 사서 미국으로 돌아왔습니다.

그러다 현찰이 좀 필요해서 그것을 집 근처에 있는 보석상에 가지고 갔더니 보석상 주인은 한참 동안 감정을 한 후 상기된 표정으로 20,000달러를 주겠다고 했습니다.

일단 그것을 가지고 집으로 돌아왔다가 그 다음 날 꽤 알려진 골동품 가게를 찾아갔습니다. 그 골동품 가게의 주인도 역시 한참 동안 감정을 한 후에 50,000달러를 주겠다고 했습니다.

그는 더 놀랐습니다. 그래서 그는 솔직하게 골동품 가게 주인에게 물었습니다.

"아니, 색깔이 다 바랜 진주 목걸이인데 왜 그렇게 값이 많이 나갑니까?"

그러자 골동품 가게 주인은 의외라는 듯이 이렇게 말했습니다.

"아니, 아직도 모르고 계셨습니까?"

그러면서 돋보기를 진주 목걸이에 들이대면서 자세히 보라고 했습니다. 그랬더니 거기에 깨알같이 작은 글씨로 이렇게 적혀 있었습니다.

'사랑하는 조세핀에게. 황제 나폴레옹으로부터…'

그리고 오른쪽에는 나폴레옹 황제의 친필 사인이 들어 있었습니다. 가게 주인은 이렇게 말했습니다.

"이 진주 목걸이의 자체만으로는 불과 몇 십 불에 지나지 않습니다. 그러나 여기에 적혀 있는 글씨와 친필 사인 때문에 그렇게 값이 많이 나가는 것입니다."

그러니까 보석 값보다는 거기에 적힌 글 값이 훨씬 더 비쌌던 것입니다. 아무리 진주 목걸이에 황제 나폴레옹의 사인이 있다 할지라도 그것이 고물상에 있으면 불과 500불짜리 밖에 안 되는 것입니다. 그러나 마땅히 있어야 할 자리에 있으니까 엄청난 진가를 발휘하고 있는 것입니다.

살아가면서 있어야 할 자리를 찾아 스스로의 가치를 높여 나갈 수 있는데 대다수의 사람들은 처음에는 분명히 자기 갈 길, 자기 자리를 알고 있었지만 쉴 새 없이 바쁘게 살다 보니 또한 입장이 좋아지다 보니 스스로 자기 포지션을 망각하고 비몽사몽에 허덕입니다.

우리는 많이 배우고, 많이 가지고, 많은 노력을 하는 행위 자체에 문제가 있다는 것이 아니라 비록 그렇지 못하더라도 감사한 마음과 더불어 겸손한 자세를 지니며 자기 인생관이 뚜렷하고 자기가 할 바를 성실히 해나갈 때, 그것이 쌓여 꽃잎이 모여 꽃이 되고, 나무가 모여 숲이 되고, 미소가 모여 웃음이 되며, 기쁨이 모여 행복이 되듯이 자기 것으로 자기 자리에서 자기 할 일에 최선을 다하는 자가 바로 최고의 가치를 지닌 매력적이고 바람직한 사람이라는 사실을 확실하게 깨달아야 할 것입니다.

이 세상에 똑같은 사람이 없고, 각자 독특한 기질을 가지고 있으며, "인간은 자기 자신 이외엔 아무도 자기와 대등할 수 없다."라고 L. 레오빌드는 말했고, "자기 자신만의 자리, 개성과 인간과의 관계는 향기와 꽃과의 관계와 같다."라고 C.M. 시외브와가 말했듯이, 당신은 당신만의 고귀한 인품의 꽃향기를 그윽하게 담아 수시로 뿌리며 더불어 꽃밭을 만들어 가시기를 바랍니다.

당신의 꽃 이름은? 백합, 장미, 코스모스, 진달래, 연꽃, 난꽃, 튤립, 민들레, 국화…

이 세상에 당신만큼 고귀한 사람이 없다는 사실, 공자, 부처, 예수보다 더 귀중한 사람일 수도 있다는 사실을 깨달을 때, 온 세상은 당신을 위해 축복의 기도를 드릴 것입니다.

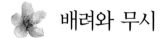# 배려와 무시

옛날에 증산군이라는 이가 있었습니다. 하루는 가신들을 불러 큰 잔치를 벌였다 합니다. 이때 사마자기라는 이도 이 자리에 참석했습니다. 잔치는 풍성했고 여러 가지 음식이 오갔다고 합니다.

마지막 양고기죽을 먹을 차례가 되었는데 마침 국물이 부족해서 사마자기에게는 양고기죽이 돌아가지 않았다고 합니다.

사마자기는 이것이 자기에 대한 모욕이라 여겼습니다. 단지 국물이 모자라서였는데, 작은 오해를 모욕이라 여긴 때문에 사마자기는 그 일로 증산군을 버리고 이웃나라인 초나라로 가 그곳에서 벼슬을 하였습니다.

그 후 초나라 왕을 설득하여 증산군을 공격하게 합니다. 증산군은 상황이 어려워졌고 싸움에 지자 피신합니다. 그런데 전에는 결코 한 번도 만난 적이 없는 사내 두 명이 창을 들고 따르며 목숨을 걸고 증상군을 지켜줍니다. 이상하게 여긴 증산군은 그들에게 이유를 물었습니다. 그들은 말합니다.

"저희 부친께서 살아계실 때 어느 날 부친이 배고파 쓰러져 있을 때 증산군께서 친히 밥 한 덩어리를 주셨다고 합니다. 저희 부친은 그 찬밥 한 덩어리로 목숨을 건지셨습니다. 그리고 저희에게 유언으로 만일 증산군이 어려운 일에 처하게 되면, 목숨을 걸고 보답하라고 이르셨습니다."

증산군은 하늘을 보고 탄식합니다.

"타인에게 베푸는 배려는 많고 적음이 문제가 아니구나! 상대방이 정말 어려울 때 돕는 것이 중요하다. 상대방의 원한을 사는 것 역시 크고 작음이 문제가 아니다. 상대방의 마음을 헤아리지 못하고 순간 마음을 상하게 하는데 문제가 있는 것이다. 나는 한 그릇의 양고기 국물로 인하여 나라를 잃었고, 한 덩이의 찬밥 때문에 목숨을 구했구나."

삶이 오묘합니다. 대충대충 살 일이 아닌 것 같습니다. 은혜와 원망 모두 마음에서 나옵니다. 상대방에 대한 배려는, 작은 일에도 마음을 씀은 물론 상대방이 정말 나를 필요로 할 때 진심으로 손 내밀어 주는 것이 배려입니다.

"치욕이나 모욕은 가장 날카로운 칼보다 더 깊이 사람의 마음을 잘라 낸다."라고 콩그리드는 말했으며, "지상에서 제 아무리 위대하고 영광스러운 것일지라도 약자(弱者)의 도움이 필요할 때가 있다."고 E. 스펜서가 말했지요.

우리는 아주 사소한 일에도 관심과 배려함에 충실하여 어떠한 오해나 섭섭함으로 모욕을 느끼지 않도록 노력해야 할 것입니다.

공자, 부처, 예수가 그러했듯이, 한 사람, 한 사람, 한 순간, 한 순간을 중요함을 전파하심에, 그것이 모여 한 몸이 되고 한 계기가 되어 '선(善)의 공동체(共同體)'를 만들어 가면 되는데 무조건 전체의 개념으로 접근하여 공동체를 만들어가다 보니 한 사람, 한 사람의 매순간의 절실함과 진실성은 무시된 인간(人間)의 욕망(慾望)에 근거한 '악(惡)의 공동체(共同體)'들이 대세를 이루고 있는 현상이라고 할 수 있겠습니다.

좀 더 자세히 말씀드린다면, 옛날에 비해 매우 거대한 대중적인 시대에 살고 있지요. 집단화된 개인은 집단화된 감정과 사고에 지배를 당하지요. 누구나 거의 비슷하게 생각하고, 비슷하게 말하면서 습관화되고 익숙한 방법으로 집단화된 개인의 욕망은 어떠한 저항도 하지 못하고 집단에 끌려 다니며 쉽게 타락하고 부정부패의 중심에 서게 되지요.

특히 애매하고 추상적인 말로 거짓 선동하며 분열을 조장하는 정치 세력들을 많이 보고 있지요. 오늘날 우리나라 정치사회, 특히 윤석열 사태, LH 사건이 한 단편소설처럼 흥미진진하게 전개되고 있지 않나요?

지금 막장 드라마를 보고 있는 것 같습니다.

'한 사람. 한 사람, 한 순간 한 순간'에 최선을 다할 때, 진실하고 함께 더불어 살아가는 길이 만들어질 것이며, 어떠한 단체나 조직 생활에 있어 자기 소신에 입각하여 행동할 것이라 생각합니다.

상대의 생각, 이념, 이상이 다르고 처해진 상황이 다르더라도 대한민국 국적을 가진 이상 대한민국의 한 국민이라는 인격체로 받아들여 인격적 관계로 인정하고 존중할 때 서로 소통이 가능하고 화해와 화합 그리고 협업과 공생의 길을 갈 수 있거든요. '당신을 존중합니다.'

🌸 신(神)과의 관계

톨스토이의 단편소설 「사랑이 있는 곳에 신이 있다」에 나오는 내용입니다. 사전에 말씀드립니다만, 한 종교에 국한시키지 마시고, 어떤 종교, 철학자들의 공통된 얘기라고 생각하시고 읽으시면 마음이 한결 편할 것입니다.

주인공 마르틴은 구두를 만들고 고치는 제화공입니다. 착하고 성실한 그가 절망에 빠졌습니다. 5년 전에 자식 두 명과 아내를 하늘나라로 보냈는데, 근래에 하나 남은 막내아들까지 병으로 죽었습니다. 그는 매일 술로 시간을 보내며, 자신도 빨리 죽게 해달라고 하나님께 기도했습니다.

그러던 어느 날 우연한 기회에 성경을 읽기 시작하였습니다. 그리스도의 삶에 감동을 받은 그는 자신의 삶을 반성하며 새로운 희망을 되찾아 성경 읽기에 열중했습니다. 하루는 성경을 읽다가 잠깐 잠이 들었는데, 하나님의 목소리가 들렸습니다.

"마르틴, 내가 내일 찾아갈 테니 창밖을 보아라."

마르틴은 그날 하루 종일 창밖을 바라보며 "하나님이 언제쯤 오시려나." 하면서 중얼거리며 하나님을 기다렸습니다.

아무리 기다려도 온다는 하나님은 오지 않고, 창밖에 늙은 청소부가 눈을 맞으며 청소를 하고 있었습니다. 마르틴은 그를 가게 안으로 들어오게 한 뒤, 따뜻한 차를 대접하였습니다.

청소부를 내보내고 두어 시간이 지나 창밖을 보니, 아기를 안은 여인이 눈보라 속에서 떨고 있었습니다. 그는 여인을 가게 안으로 맞아들여 먹을 것과 옷을 대접해주었습니다.

또 시간이 흘러 거의 해가 질 무렵, 창밖을 바라보니 사과를 파는 늙은 노파가 사과를 훔친 소년을 붙잡고 야단치고 있었습니다. 마르틴은 밖으로 나가 소년의 죄를 뉘우치게 하고, 사과 값을 대신 갚아주며 노파가 소년을 용서토록 권유하여 원만하게 해결해 주었습니다.

마르틴은 날이 어두워지자, 가게 문을 닫고 집으로 들어갔습니다. 그날 밤 마르틴은 성경을 읽다가 잠이 들었습니다. 그때 어둠속에서 자신이 낮에 대접했던 늙은 청소부와 아기 안은 여인, 노파와 소년이 나타나 미소를 지었습니다. 그리고 하나님의 목소리가 들렸습니다.

"마르틴, 네가 오늘 만난 사람들이 바로 나다. 너는 나를 대접한 것이다."

이후 마르틴은 꿈에서 깨어나 펼쳐져 있는 성경을 보니, 거기에 이런 내용이 있었습니다.

"내가 배고플 때에 먹을 것을 주었고, 목마를 때에 마실 것을 주었으며, 나그네를 따뜻하게 맞아들였고, 헐벗었을 때 옷을 주었으니, 내 형제 중에 보잘 것 없는 사람들에게 극진히 대접한 것이 바로 내게 한 것과 같은 것이니라."

'사랑이 있는 곳에 신이 있다' 뒤늦게 구원의 감격을 깨닫게 된 마틴이 하나님을 기다리면서 하루 동안 겪는 이야기입니다.

하나님을 찾기 위해서 누구는 예배당으로 향하고, 누구는 홀로 명상에 들어가고, 누구는 신학을 공부하지만 '사랑이 있는 곳에 신이 있다'는 말을 마음에 꼭 새겨두셔야 할 것입니다. 불교에서 '도처에 부처님이 계시다'라는 말과 맥을 같이 하는 것 같습니다.

"우주를 한 사람으로 축소시키고 그 사람을 신(神)으로 확대시키는 것이 바로 사랑이다."라고 빅토르 위고(Victor Hugo, 1802~1885)는 말했습니다.

하느님을 만나는 비법을 연구할 필요는 없습니다. 내 주위에 있는 사람들, 내가 매일 만나는 사람들, 바로 그들과 사랑으로 만남이 하느님을 만나는 것이라는 것입니다.

다시 말씀드리면, 우리 인간은 하느님의 사랑으로 태어났고, 그 사랑을 근거로 하여 모든 사람을 사랑하라는 것이 하느님의 뜻이고, 그 뜻에 100% 근접하게 따른 사람은 곧 하느님의 수제자로서 신(神)도 되고 성인(聖人)도 되는 것이며, 그러하거늘 여기가 바로 천당(天堂)일 수도 있고, 아닐 수도 있다고 보는 것이지요.

천당이 있고 없고의 혼란스러운 내세(來世)를 떠나 지금 살아있음에 감사하며, 사랑의 전도사로서 죽음과 삶 그리고 세월(歲月)이라는 시간개념(時間槪念)은 창조주 하느님의 뜻에 따라 그에 걸맞게 살아가면 될 것입니다.

꼭 성스런 장소, 성당, 교회, 절 같은 곳에 가야 창조주 하느님을 뵙는 것이 아니라, 어느 누구도 위의 주인공 마르틴처럼 '사랑'을 품고 있으면 자연스럽게 뵐 수 있다는 것과 아마도 여기가 천국(天國)일 수도 있다는 것이지요.

우리는 잠깐 지구라는 우주별에 와서 하느님의 뜻에 따라 사랑이라는 아름다운 꽃을 피우고, 그 씨앗을 품고 또 다른 내세(來世)로 가게 되겠지요.

선(善)과 악(惡)의 동행(同行)

이 세상에는 약 77억 명의 인간이 살고 있다고 합니다. 그 중에서 내가 알고 있는 사람은 얼마나 되며, 또 나는 기억하고 있지 못하지만 나를 알고 있는 사람은 얼마나 될까요?

사람마다 성격, 혈연, 지연, 학연, 자신의 직업과 활동 여하에 따라 다르겠지만, 아무리 많다 해도 77억 명의 인간 수에 비하면 극히 일부에 불과할 뿐이지요.

인연이란 그 많은 사람들 사이에서 직접적으로 또는 간접적으로 맺어지는 관계를 말하며 불교에서는 옷깃만 닿아도 인연이라 했는데, 모든 중생이 인과 연에 의하여 생멸(生滅)한다는 것입니다.

나와 인연을 맺은 사람들이란? 아무래도 나와 같은 길을 가는 사람일 경우가 많겠지요.

나와 같은 목표를 향해 또는 나와 같이 행복을 누리기 위해 동행을 하며 동일한 목표를 향해 가는 경우에도 그 과정에서 수많은 갈등을 겪게 되지요. 서로의 생각이 다르고 인생관이 다르기 때문일 것입니다.

인연을 계속 이어가기 위해서는 서로 상대방을 인정하고 존중하는 마음이 깔려 있을 때 그 인연을 진정 좋은 인간관계로 맺어지겠지요.

옛날 중국 어느 땅에 동네 꼬마 녀석들이 길 한복판에 모래로 성을 쌓고 병정놀이를 하고 있었습니다. 마침 공자님이 제자들과 함께 그 길로 들어섰는데, 어른들이 몰려오는 것을 본 꼬마 녀석들은 모두 도망쳤지만 항탁(項橐)이라는 꼬마는 자기가 만든 성 안에 남아 있었습니다. 공자님이 꼬마에게 다가가 물었습니다.

"얘야, 너는 왜 수레가 오는 것을 보고도 피하지 않느냐?"

꼬마가 대답했습니다.

"사람은 위로는 천문(天文)을 알고, 아래로는 지리(地理)를 알며, 그 가운데 인정(人情)을 알아야 한다고 배웠습니다. 그렇지만 수레 때문에 성을 옮겼다는 말은 듣지 못했습니다."

꼬마의 맹랑한 대답을 기특하게 여기신 공자님은 꼬마를 시험해 보려고 했습니다.

"얘야, 어떤 산에 돌이 없고, 어떤 물에 물고기가 없느냐? 어떤 문에 빗장이 없고, 어떤 수레에 바퀴가 없느냐? 어떤 소와 말이 새끼를 낳을 수 없느냐? 어떤 불이 연기가 나지 않고, 어떤 나무에 가지가 없느냐? 아는 대로 대답해 보아라."

꼬마는 거침없이 대답했습니다.

"토산(土山)에는 돌이 없고, 우물에는 물고기가 없습니다. 열린 문에는 빗장이 없고, 가마에는 바퀴가 없습니다. 진흙으로 만든 소나 목마(木馬)는 새끼를 낳을 수 없습니다. 반딧불은 연기가 나지 않고, 마른 나무에는 가지가 없습니다."

공자님은 크게 기뻐하며 칭찬해 주셨습니다. 그러자 꼬마가 당돌하게 공자님께 여쭈었다.

"노인이시여, 거위와 오리는 왜 물에 뜰 수 있습니까? 기러기와 학은 왜 울음소리를 내나요? 송백(松柏)은 왜 사시사철 푸릅니까?"

공자님께서 고개를 갸우뚱 하더니 대답하셨습니다.

"거위와 오리가 물에 뜰 수 있는 것은 발에 갈퀴가 있기 때문이고, 기러기와 학이 우는 것은 목이 길기 때문이며, 소나무와 잣나무가 사시사철 푸른 것은 속이 단단하기 때문이란다."

이를 들은 꼬마가 따지듯이 물었습니다.

"거북이가 물에 뜨는 것도 발에 갈퀴가 있기 때문입니까? 두꺼비가 우는 것도 목이 길기 때문입니까? 대나무가 사시사철 푸른 것도 속이 단단하기 때문입니까?"

꼬마의 반문에 머쓱해진 공자님은 잠시 할 말을 잊고 있다가 제자들에게 말씀하셨습니다.

"내가 오늘 스승을 제대로 만났구나. 이제부터 저 아이를 스승으로 모셔야겠다."

그러면서 "삼인행 필유아사언 택기선자 이종지 기불선자 이개지(三人行 必有我師焉 擇其善者 而從之 其不善者 而改之), 세 사람이 함께 길을 가면 반드시 나의 스승이 있다. 그 중에 선한 자를 가려서 따르고, 선하지 않은 자를 가려서 자신의 잘못을 고쳐야 한다. 즉 좋은 것도 나의 스승이 될 수 있고, 나쁜 것도 나의 스승이 될 수 있다는 뜻이다. 배우려는 자세만 되어 있으면 스승은 언제, 어디서나 나타나게 마련이다."라고 하셨습니다.

실로 겸손해야 한다는 공자님의 말씀이십니다. 누구나 장점과 단점을 가지고 있습니다. 두 사람이 함께 길을 걸어가노라면 필히 상대방의 장점과 단점을 보게 될 것입니다.

상대방의 장점은 받아들여 나의 것으로 만들고, 상대방의 단점을 교훈으로 여겨 계율로 삼으면 그야말로 상대방은 나의 스승이라 할 수 있을 것입니다.

저의 80평생 삶을 뒤돌아보면, 선(善)과 악(惡)이 저에게 준 교훈, 그것을 어떻게 받아들이느냐에 따라 악이 선한 무리보다 더 많은 인생의 가르침이 있었다는 것과, 진정한 선(善)은 악(惡)을 피하지 않고 함께 살아갈 때 보다 선(善)할 수 있다는 사실을 깨닫게 되었지요. 이러한 생각은 자기밖에 모르는 현대인들에게 많이 필요한 배려와 상생의 정신이 아닐까 합니다.

우리 인간은 7:3이든 3:7이든, 아니면 5:5든 장단점, 선과 악이 수시로 손바닥 뒤집듯이 하지요. 가만히 생각해 보십시오. 선(善)도 악(惡)이 없다면, 삶도 죽음이 없다면, 무슨 의미가 있을까요? 그래서 우리는 부단히 깨어 있어 모두가 스승이요, 제자의 역할을 제대로 한다면 그것이 바로 지혜로운 삶이 아닐까요? "당신은 저의 스승입니다."

🌸 기부

미국 뉴저지의 매우 가난한 집에서 태어난 한 남자, 척 퍼니라는 사람이 있지요. 그에게는 특별한 재능이 있었습니다. 크리스마스카드 판매, 샌드위치 판매, 파라솔 대여 등 돈버는 방법을 기가 막히게 파악했던 이 남자는 어려서부터 차곡차곡 재산을 불렸고 저축한 돈으로 29살에 면세점 사업을 시작하여 40대에 세계에서 내로라하는 억만장자 대열에 이름을 올렸습니다.

이 남자의 이름은 척 피니 애틀랜틱 필랜트로피즈 회장입니다. 그는 사업 성공으로 많은 돈을 모았지만 언제나 돈에 집착했고, 1988년 경제지에 돈밖에 모르는 억만장자라고 소개 되었지요.

그러던 1997년, 척 피니는 면세점 매각 법정 분쟁에 휘말리게 되는데, 사무실 압수수색 과정에서 비밀 회계장부를 검사에게 들켰습니다. 뉴욕 컨설팅 회사라는 이름으로 15년간 약 2,900회의 지출 내역 금액은 자그마치 4조4천억 원의 큰돈이었지요. 사람들은 그가 재산을 빼돌렸을 것이라 추측했지만 곧 진실이 드러났습니다.

비밀장부의 지출 내역은 전부 기부였습니다. 1982년부터 기부 재단을 설립해 세계 각국에 자신의 재산 99%를 기부해 왔던 것과 그리고 자기 선행을 세상에 드러내는 것도 극도로 꺼렸습니다.

"제가 기부한 것이 밝혀지면 지원을 끊겠습니다."

비록 이 일로 기부 비밀 유지는 물 건너갔지만 그의 기부 활동은 계속 됐습니다. 2000년 중반 이후부터는 하루에 백만 달러를 매일 기부해 2017년까지 그가 기부한 금액은 우리 돈으로 무려 약 9조 5천억 원에 이릅니다.

총 자산 중 99% 기부로 빌 게이츠, 워렌 버핏을 가뿐히 제치고 자산 대비 기부 비율 순위 세계 1위에 등극했습니다.

그러나 자신에게는 매우 엄격하게 검소했다고 합니다. 손목에는 15달러짜리 플라스틱 시계, 지하철이나 버스를 타고 식사도 그냥 일반식당, 비행기 좌석은 당연히 이코노미였고, 심지어 자신 명의로 된 자동차와 집도 없어 임대 아파트에서 아내와 함께 살고 있습니다. 척 퍼니는 겸손하게 말합니다.

"돈을 정말 좋아하지만, 돈이 제 삶을 움직일 수는 없어요. 필요한 것보다 많은 돈이 있기 때문에 기부하는 거예요."

2020 올해까지 본인 모든 재산을 사회에 환원 하겠다는 척 퍼니는 말했지요. 그가 빌 게이츠에게는 롤 모델, 워렌 버핏에게는 영웅으로 인정받는 이유는 단 하나, '노블레스 오블리주(가진 자의 도덕적 책무)의 표본'이기 때문이겠지요.

6·25 한국전쟁에도 참전한 척 퍼니의 유명한 어록은 많지만 대표적으로 이런 명언들이 있지요.

"한 번에 두 켤레의 구두를 신을 순 없다."

"죽어서 하는 기부보다 살아서 하는 기부가 더욱 즐겁다."

그는 자신에게는 검소한 빈손의 아름다운 부자로 한 번도 경험해 보지 못한 새로운 세상을 만들어 줬습니다.

우리나라 사람들처럼 1960년부터 '잘 살아 보세'라는 구호 아래, 지금까지 물질 지상주의의 습성에 젖어 있어, 생각은 있어도 마음이 내켜하기란 어렵거니와 위와 같은 일은 우리와 무관한 것으로서 심도 있게 생각하고 고민할 수 있는 자세가 안 되어 있기 때문이지요.

그러나 우리나라가 세계 경제 10대 대국에 진입한 이상, 이에 걸맞은 보람된 삶, 남과 더불어 살아가는 자세, 특히 가난하고 불쌍한 자에 대한 배려와 돌봄이 따라줄 때, 진정한 선진국이라는 대우를 받을 수 있을 것입니다.

지금 우리나라가 선진국이라고 자부하지만 엄밀한 의미에서는 '비정상의 정상'으로 불균형 상태에서 도덕적 가치의 혼란을 겪고 있기에 정신적, 영적 가치를 존중하는 사회로 성숙한 발전을 해야 할 것이며, 동시에 선진국이 그러했듯이 시간이 필요할 것 같습니다.

정상의 선진국 대열에 진입하기 위해서는 많은 사회지도층 사람들이 '노블레스 오브리제'의 자세로 모든 것을 껴안고 갈 수 있는 사회 분위기를 빨리 만들어 가야 하겠습니다.

있는 자는 덜 갖고, 없는 자는 무조건 많이 가지려는 자세보다 적당한 수준에서 만족하며 더불어 살아가려는 자세만이 가능할 것입니다.

그래서 그들은 이 세상에서, 가장 강한 사람, 3가지 요건 중의 하나인 '소유욕에 초연한 사람'이라고도 하지요.

우리나라도 단군조선의 얼인 '홍익인간(弘益人間)'이라는 꽃이 언젠가 활짝 피어, 미국의 척 퍼니나 빌 게이츠 그리고 워렌 버핏 같은 용감하고 위대한 사람들이 많이 나타날 것이라 확신합니다.

또한 이 세상에 마음만 먹으면 어느 누구도, 어떠한 상황에서도, 물질적인 것이 아니더라도 남을 도울 수 있는 것은 무궁무진하다는 사실도 잊지 마시기 바랍니다.

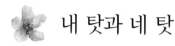

내 탓과 네 탓

가톨릭교회의 고백송 중에는 '내 탓이요, 내 탓이요, 내 탓이로소이다'라는 것이 있지요. '네 탓'은 없고, 오직 '내 탓'만 있습니다. 한편 불교에서도 일체유심조(一切唯心造)라고 해서 '제 마음 탓이다'라고 가르칩니다. 표현 방식만 다르지 여하한 종교도 거의 같은 의미로 쓰이는 것 같군요.

'내 탓'과 '네 탓'은 글자로는 불과 한 획의 차이밖에 없지만 그 품은 뜻은 하늘과 땅 사이만큼이나 서로 크나 큰 차이가 있지요. 내 것과 네 것을 구별하지 못하면 내 탓과 네 탓도 구별하지 못할 것입니다.

'네 탓'은 물론이고 '내 탓'도 모두 '네 탓'이 됩니다. 내 책임은 항상 그럴 듯한 핑계 속에 숨어 버리고 언제나 남을 가리키는 손가락만 길게 남습니다.

사람이 가장 하기 어려운 말 중에 아마도 '나의 잘못입니다'라는 말이라고 합니다. 이 말을 분명히 할 수 있는 사람은 신뢰와 존경을 받을만한 인격을 지닌 지극히 겸손한 자(者)라고 할 수 있겠지요.

사장은 사원 탓, 근로자는 사용자 탓, 어른들은 젊은이 탓, 젊은 세대는 늙은 세대 탓, 잘못 되면 조상 탓이라더니 너도나도 과거를 부라리며 과거 탓 현재 탓을 하느라 나라의 역사를 온통 우울하게 만들고 있습니다.

특히 우리나라의 작금의 '적폐청산'이라는 명분으로 자기합리화로 집단이기주의에 빠졌지요.

내 탓과 네 탓 글자 한 획이 무책임과 책임을 거짓과 진실을 비 양심과 양심으로 나타나니 글자 한 획만 다른 것이 아닙니다. 생각과 말과 행동의 불일치로 인격과 삶이 다른 엉뚱한 인생길을 가고 있지요.

내 탓은 내 탓이요 네 탓은 네 탓입니다. 네 탓 속에서도 내 탓을 발견할 줄 아는 인격 아름다운 마음 올곧은 양심이 필요한 때입니다.

우리 인간은 관계 속에서 어떠한 형태로든 7:3이든, 1:9든 서로가 문제를 가지고 있기에 100% 내 탓, 네 탓으로 한다는 것은 말이 되지 않는다는 사실입니다.

우리 대한민국에 문제가 있다면 대한민국 국적을 가진 모든 사람은 그가 누구이든 간에 일말의 책임이 있기에 내 탓, 네 탓하기 전에 자신들의 문제점이 무엇인지를 깨닫고 상호 인정하고 존중하는 자세로 임해야 할 것입니다.

특히 우리나라 사람들의 대화 습관을 보면, 아무리 자신이 없더라도, 어떤 짜증스럽거나 불쾌한 상황에서, 직설적으로 '너 때문에~' 또는 '너로 인해서~ 얼마나'라는 식의 일방적이면서도 도전적 표현을 많이 하지요.

이러한 표현을 한 단계 낮추어, 만약 친구가 시간 약속을 여러 번에 걸쳐 지키지 않고 오늘도 늦었을 경우, "난 말야, 사실 바쁜 가운데 30분 이상이나 헛되게 여러 차례 시간을 낭비하며 지루하게 안절부절못하며 자네를 기다리는 것도 지쳤네."라든가, "사실, 바쁘기도 하고, 나만의 일도 있고 해서 웬만하면 다음 기회에 봤으면 했는데, 오늘도 이렇게 늦다니 친구 이전에 자존심도 상하고~"라든지 하면서 간접적으로 자신의 불만을 표시하는 방법을 평소에 습득해 놓으심이 어떨까요?

오늘도 넘치는 '네 탓' 속에 '내 탓'은 어디에도 찾아 볼 수 없는 우리나라 정치 상황이 매우 안타깝군요.

우리나라 국회의원 모두를 오늘 이 순간부터 국회를 떠나 1년 정도 산속이든 조용한 기도실에서 자기 지신의 의식을 똑바로 인식하고 모든 것을 자기 탓으로 마음가짐을 가질 수 있도록 하면 어떨까요?

우리가 뽑은 국회의원이니 봉급은 지불해야 하겠지요. 그것이 국익을 위해서도 좋을 것 같다는 생각이 드는군요.

공화국(共和國)이란? 공적 업무(公的 業務, re publica)라는 뜻으로, 공적 (公的) 마인드가 전혀 없는 정치인, 공무원, 하다못해 대통령까지 사리사욕, 당파적으로 나라를 좌지우지하는 것만은 근본적으로 치유할 수 있는 지혜로운 방법을 온 국민이 노력하여 마련해야 할 것입니다.(가덕도공항 사태를 보면서)

천국(天國)의 열쇠

영국의 A.J. 크로닌이 1941년에 발행한 『천국의 열쇠』라는 책은 종파나 인종, 국가의 구별 없이 인류는 한 형제임을 깨달을 때 참사랑과 평화를 가져다준다는 내용이지요.

내용 중, "지옥이라는 곳은 말일세. 인간이 희망을 잃은 상태를 말하는 거라네. 인간의 괴로움은 모두 회개의 행위이네."하면서 "행위가 아니라 제가 추구하고 있는 지향을 보아 제 생애를 심판하소서."라는 말도 있지요.

결국 사랑하는 사람만이 모든 인간의 창조주이신 하느님을 알 수 있다는 뜻이 되겠지요.

하느님을 굳게 믿고 하느님께서 주신 사랑으로 꿈을 마음껏 펼쳐나가다 보면 언젠가 하느님을 보게 되는데 아마도 그곳이 천국(天國)이 아닐까 생각해 봅니다.

요한 1서(7~8절)에 '사랑하는 사람은 모두 하느님을 압니다. 하느님은 사랑이시기 때문입니다.'라고 하셨듯이, 천국이 어디에 있고, 어떻게 생겼는지, 예수님을 믿으면 천당에 간다고 하는데, 예수님의 몸과 기적을 믿으라는 것인지, 또는 성경에 의거, 예수님의 말씀대로 살아야 하는 것인지, 그 말씀을 100% 이행해야 되는 것인지, 아니면 그저 건성건성 대충 믿고 행해도 천당에 갈 수 있는 것인지, 많은 사람들이 혼자 자기 위주로 해석하며 종교생활을 하는 것 같습니다.

그러나 우리가 6·25라는 비참한 전쟁을 겪으면서 먹을 것이 넉넉지 않았어도 우리 어머니들께서는 가족과 이웃과 나누며 배고픔의 고통을 함께 하셨듯이 그저 측은지심으로 마냥 주며 나누기를 좋아하셨던 모습이 생생하지요.

그렇게 자기 자신보다 타인에 대한 사랑밖에 모르셨던 우리 어머니들께서는 누가 뭐라고 해도 하느님 품에 안기시어 우리를 내려다보고 계실 것이라는 생각을 해봅니다.

우리가 신(神)이 아닌 이상, 막연하게 구원, 천당을 얘기할 것이 아니라, 그저 과거 우리 어머니들처럼 하느님을 대신하여 이웃을 사랑하면 천당에 갈 수 있다고 쉽게 설교를 하면 좋을 것 같은 생각을 해봅니다.

하나이신 창조주 하느님께서 직접 또는 공자님, 부처님, 예수님을 통하여 세상을 사랑하고, 다른 이들의 죄와 잘못을 깨닫게 하며, 이웃들에게 참사랑을 실천하도록 하여 그들을 구원의 길로 인도하시는 삶의 신비를 깨닫게 될 것입니다.

우리 모든 인간은 똑같은 모양을 지닌 인간이 없듯이 하느님과의 일대일의 관계이며 하느님께서는 한 사람 한 사람을 중요하게 생각하시기에 매일 기도와 묵상으로 그분의 뜻, 즉 사랑의 에너지를 마음 껏 받아야 할 것입니다.

때가 되면 자연스럽게 하느님께서 '천국(天國)'이나 '극락세계(極樂世界)'에 대한 말씀을 본인에게 직접 말씀을 하시지 않을까요?

故 요한바오로 2세 교황께서는 돌아가시기 바로 전에, "죽음이란, 미지(未知)의 세계(世界)로의 여행 준비 완료(旅行 準備 完了)"라는 말씀을 하셨지요.

'천당', '지옥'이라는 말로, 죄의 사함과 구원이라는 창조주 하느님의 고유의 영역을 우리 인간이 어떠한 이유에서든 함부로 사용하여 연약한 인간을 속박하지 않는 것이 좋을 것 같군요. 모든 것은 각자와 창조주와의 일대 일의 문제가 아닌가요?

금덩어리와 우정(友情)

　평소 둘도 없는 우정을 자랑하던 두 친구가 함께 여행을 나섰고 외진 산길을 걷고 있었습니다. 반나절 동안 쉬지 않고 걸은 탓에 고단해진 두 친구는 잠시 쉬었다 가기로 했습니다. 그런데 수풀 사이로 반짝거리는 것이 있었고, 이를 발견한 한 친구가 다가가 수풀 사이를 살펴보니 금덩이가 하나 떨어져 있던 것입니다. 그가 금덩어리를 주워 다른 친구에게 보여주자 그 친구는 기뻐하며 큰 소리로 말했습니다.

　"이건 금 아닌가! 우리 횡재했구려!"

　그러자 금덩어리를 주운 친구는 순식간에 표정이 굳어지며 다른 친구에게 말했습니다.

　"이보게, 우리라고 하지 말게. 주운 사람은 나니까."

　그러곤 두 친구는 어색한 상태로 다시 길을 나섰습니다. 하지만 잠시 후, 길을 가다 요란한 소리에 뒤를 보니 금덩어리를 잃어버린 산적들이 금을 찾기 위해서 두 사람을 쫓아오고 있었습니다. 금덩어리를 가진 친구는 이를 보곤 다급하게 다른 친구에게 외쳤습니다.

　"이걸 어쩌나! 저 산적들에게 잡혀서 금덩어리가 있다는 것이 발견 되면 우리는 정말 죽게 생겼네."

　그러자 친구는 무표정한 채로 말했습니다.

　"우리라고 하지 마시게. 금덩이를 주운 사람은 자네 아닌가."

　결코 그 어느 쪽이든 갑작스런 금덩어리 횡재에 다정하던 친구 사이가 '우리'가 아닌 '너와 나'라는 별개의 개념으로 우정이 깨지는 경우는 없어야 하겠습니다.

　위의 글은 인간의 과다한 물질적 소유욕이 우정(友情)보다 더 중요하게 생각하는 현실의 상황을 전하고 있군요. 사실 우리 인간은 어느 누구도, 물론 상황과 입장 그리고 타고난 성품과 인격 형성이 어느 정도인가에 따라서 다르겠지만 순간적으로 위와 같은 생각을 거의 하게 되지요.

소유의 속성 중에는 물질에 대한 끊임없는 욕심과 이기적인 탐욕이 있습니다. 하지만 물질은 없다가도 생기고, 있다가도 사라지는 유동적인 것인데, 잠시 찾아온 물질에 삶의 가치를 두기보다 늘 곁을 지켜주는 '믿음', '사랑', '우정' 등 보이지 않는 것의 값짐을 깨달음으로 삶의 최우선순위로 할 때, 우리는 보람되고 행복한 삶을 살게 될 것입니다.

'우정(友情)'은 '신(神)'의 선물로서, 신비한 영혼의 결합이요, 인간에게 가장 귀한 '은사물(恩謝物)'이기에 그 어떤 보석이나 귀한 물건도 비교될 수 없는 둘만의 것이 되겠지요. 우리 인생은 되돌아갈 수 있는 것도 아니고, 다시라는 기회가 보장되는 것이 아니지요.

우정은 한번 신뢰를 잃으면 다시 원상복귀하기가 매우 어렵거든요. 그래서 어떠한 상황에서도 좋은 일이든 나쁜 일이든 진실 된 마음으로 함께 하고자 하는 '연민의 정'을 듬뿍 품고 살면 될 것입니다.

공자(孔子)는 일찍이 익자삼우(益者三友)와 손자삼우(損者三友), 즉 친구는 자신에게 세 가지 이익이 되는 친구가 있고, 세 가지 손실이 되는 친구가 있다고 하였지요.

그런데 그러한 것들에는 상대적인 것 많기에 처음에는 옳고 그름, 좋다 나쁘다 개념에서 시작되겠지만 손익에 관계없이 서로 손잡고 어깨동무하며 지내다 보면 둘도 없는 친구가 될 수도 있는 것이고, 서로 정 들고 아끼다 보면 자기도 모르게 익우(益友)나 손우(損友)를 떠나 신의를 지키고 보살펴 주며 이해를 해줄 수 있는 친구가 되고져 하는 것이 바람직하지 않나 봅니다.

여러분들께서도 위의 상황을 곰곰히 생각해 보시고, 자신은 어떤 마음 상태였을까?를 점검해 보시기 바랍니다.

혹시 조금이라도 마음이 흔들렸다면, 모든 것을 내려놓고, 자신의 삶의 우선순위를 심도 있게 다시 생각해 보시고 우정에 대한 확실한 개념 설정을 해두시기를 적극 권하는 바입니다. 순간의 판단 실수가 인생 자체가 망가지는 경우가 생길 수 있거든요.

둘만의 좋은 친구를 곁에 두고 싶다면, 지극히 역설적인 표현이지만, 상대를 어느 틀에 가두지 말고 훨훨 나는 새들처럼 마냥 자유스럽고 편안하며 아무 조건 없는 관계를 가지시기를 바랍니다.

행복 세일즈맨

　어떤 강의실에서 행복에 대해 한참 열변을 토하던 강사가 청중들에게 물었습니다.

　"행복은 얻는 게 더 행복할까요? 아니면 주는 게 더 행복할까요?"

　그러자 의견이 분분했습니다. 그때 한 사람이 소리쳤습니다.

　"행복을 파는 사람요!"

　그렇습니다. 가장 행복한 사람은 스스로 행복을 만들어서 다른 사람에게도 그 행복을 파는 사람입니다.

　세계적으로 가장 많은 성공을 거머쥔 민족은 유대인이라고 합니다. 그들은 무엇을 팔고 무엇을 나타내기에 성공을 했을까요? 그것은 자신이 좋아하고 행복해 했던 것을 다른 사람에게 팔았기 때문입니다.

　유대인 '던킨'은 맛있는 도넛으로 다른 사람의 입맛을 행복하게 했고, 유대인 '허쉬'는 밀크를 넣은 초콜릿을 만들어 다른 사람들의 혀를 달콤하게 했으며, 유대인 '스필버그'는 자신이 만든 영화로 보는 사람들을 행복의 세계로 빠트렸습니다.

　특히 유대인 '비달사순'은 천편일률적인 여자들 헤어스타일의 자유를 구사하게 해 머리의 혁명을 가져올 만큼 여자들의 마음을 멋지고 행복하게 만들었으니, 그들은 많은 부분에 편리함을 넘어서 행복하게 만든 것입니다. 백신도 그들이 만들어 사람들을 질병으로부터 극복하게 해 행복한 삶을 구사하게 만든 것입니다.

　어쩌면 행복은 팔 수도 살 수도 없는 것인데, 어떻게 행복을 팔 수 있을까요? 설사 행복을 판다고 해도 자신에게 충분히 여유가 있는 행복의 재고가 있어야 합니다. 그리고 행복을 무한히 생산할 줄도 알아야 합니다. 마음과 생각은 그 어떤 것보다 가장 큰 행복의 창고와 공장이 될 수가 있습니다.

디즈니의 성공 비결은 돈을 벌려고 노력한 적이 없다는 것입니다. 디즈니는 이렇게 말했습니다. "우리가 파는 것은 행복이다."라고.

기업이 고객들에게 노리는 최고의 가치는 고객 감동입니다. 그러나 감동은 한 순간이 될 수 있지만, 행복감은 지속적입니다. 인생에서 최고의 세일은 바로 행복을 파는 것입니다. 행복을 파십시오.

행복을 팔려면 자신이 먼저 충분히 행복해 할 줄 알고, 지금 그 행복을 누리고 있는 일을 하고 있어야 하며, 남에게 행복을 전염시킬 줄 알아야 합니다.

성공한 사람들은 대부분 행복을 파는 사람들입니다. 행복을 팔려면 행복을 항상 준비해야 합니다. 그렇다면 준비는 어떻게 해야 합니까?

행복은 일단 마음을 비워야 가능합니다. 마음을 비운다는 것은 자신만이 가지고 있는 귀중하고 정성이 담긴 것을 남에게 전해줄 때 그만큼의 공간적 여유가 생기고 그 진정한 선물은 상대에게 감동과 감사함을 유발하여 그 이상의 감사한 마음의 선물로 다시 채우는 과정, 그 자체가 진정한 행복이요, 삶의 보람이지요.

'행복이란 타인을 행복하게 하여 주려는 노력의 부산물이다'라고 G. 팔머는 말했으며, '인간의 마음가짐이 곧 행복이다'라고 실러가 말했지요.

그렇다면 유대인들은 어떻게 행복을 깨닫고 확신을 지니며 꾸준히 실천할 수 있을까요? 그것은 아마도 어렸을 때부터 탈무드 경전에 의한 철저한 교육의 힘이라 생각되는군요. 그 핵심 요소는, '온 힘을 다하여', '온 정신을 다하여', '온 마음을 다하여' 즉 인간이 할 수 있는 모든 것으로 목숨을 걸고 '최선을 다하여'라는 뜻이 되겠지요.

유대인들은 수천 년 간의 나라 없는 수난과 고통을 이겨내고 오늘에 이르렀다는 역사적 교훈을 새겨 우리도 단군조선의 홍익인간(弘益人間)과 선비사상에 의거 일제강점기, 6·25전쟁으로 폐허화된 모든 제도를 복원하여 제대로 된 교육시스템을 만들어가야 하겠습니다.

이제는 더 이상, 물질적 소유와 경쟁에서 승리하는 것에 우선을 둘 것이 야니라 행복이 무엇인지, 그 행복은 어떻게 만들어지고 누구와 함께 나눌 것인가에 열중하다 보면, 함께 할 이웃이 생기고 서로 도우며 모든 수난과 고통을 이겨 함께 기쁨을 나누는 그러한 보람된 공동체를 만들어 가게 될 것입니다.

행복은 자신과 타인과의 모든 것을 진정으로 나누며 감사한 마음을 느끼는 것이라고 생각되지 않으신가요?

언어(言語) 말, 말, 말

이래 글은 어느 친목계 모임에서 나누는 대화 내용을 그대로 소개코
자 합니다.

친목계 모임이 있는 날에 한 친구가 손자를 본답시고 나오지 못했습
니다. 그 사정을 모를 리 없지만 유독 한 친구가 버럭 소리를 냅니다.

"그 친구 왜 그리 살아? 그러니 허구한 날 붙잡혀 살지."

그러자 다른 친구가,

"자넨 손자가 지방에 있지? 옆에 있어봐 똑같아져."

손자 양육이 논쟁으로 커집니다.

"난 처음부터 선언했어, 내가 애를 보면 성을 간다고!"

'못 생긴 남자와는 절대 결혼 않는다'는 처녀! '난 죽어도 요양원에는
안 간다'고 한 선배! '딱 100세만 살 거야' 하면서 호언했던 학교 동창!

그런데, 여자는 못 생긴 남자와 천생연분을 맺고, 선배는 치매가 들어
일찌감치 요양원으로 향했으며, 100세를 장담할 만큼 건강했던 친구
는 아홉수에 걸려 69세에 심장마비로 세상을 떠났습니다.

나이 들며 갖춰야 할 덕목이 '절제(節制)'인 것 같습니다.

우리가 수없이 내뱉는 말에는 사람을 살리는 말도 있지만 죽이는 말
이 더 많은 것 같습니다. 같은 말인데도 누구는 복(福)이 되는 말을 하고
누구는 독(毒)이 되는 말을 하지요. 잠깐만이라도 생각하고 얘기하면 되
는 것인데 그것이 잘 안 되는 경우이겠지요. 그런데 말과 함께 붙어서
사용되는 '말씨', '말씀', '말투'가 있습니다.

말에는 씨앗이 있고, 품위가 있으며, 틀(버릇)이 있는 것 같습니다.

'말로서 천냥 빚을 갚는다'라는 말도 있고, '말로서 지옥 간다'라는 말

도 있고요.

프랑스 작가 장자크 상페는 자신의 책『뉴욕 스케치』에서 뉴요커들의 긍정적인 말버릇을 관찰했습니다. 그들은 빤한 얘기인데도 습관처럼 상대의 말꼬리에 감탄사(!)를 붙이고 물음표(?)를 달아줍니다. 이는 내 말에 관심을 갖는다는 표시로 받아들여지고 서로의 삶과 이야기를 격려해주는 말 효과를 높입니다.

이를테면, 누가 "이번에 프랑스를 다녀왔어요. 너무 좋았어요."라고 말합니다. 그러자 옆에서 "좋은 곳이죠. 나는 세 번이나 가봤어요." 이렇게 말을 받으면 일단 주춤하게 됩니다. 이럴 때 뉴요커들은 자기 경험을 내세우지 않고 "정말요? 어머, 좋았겠다!", "일정은 어땠어요?" 말머리를 계속 상대에게 돌려줍니다. 얼쑤! 같은 추임새로 상대를 신나게 해주는 뉴요커의 말 습관이 좋아 보이는 이유입니다.

우리는 느낌표와 물음표를 얼마나 사용하나요? 자기를 앞세운 대화를 하게 되면 상대의 말에 이러한 부호를 찍어주기가 어려워집니다. 오늘도 내가 한 말을 돌아보면서 느낌표와 물음표가 인색했음을 깨닫게 되지요.

내 말에 감탄하며 나의 감정과 안부를 물어주는 사람만큼 귀한 사람은 없을 것입니다. 말을 나눌 때는 상대방의 입장을 늘 염두에 두라고 합니다. 적어도 실언(失言)이나 허언(虛言) 같은 말실수는 없어야 하거든요. 그러면 덤으로 얻는 것도 있습니다.

"어쩌면 그리 말을 예쁘게 하세요.", "복 들어올 말만 하시네요."

같은 말이라도 아 다르고 어 다르다는 우리 속담처럼 말은 상대에게 불편을 주어서는 안 됩니다. 우리는 상대에게 불편보다는 용기를 북돋아줄 수 있는 격려의 말로 대화할 줄 아는 말 습관을 가질 수 있도록 했으면 좋겠습니다.

한편 소학(小學)에 의하면, '그대에게 수다스럽지 말기를 경계하나니 말이 많으면 남이 싫어한다. 중요한 때 말을 삼가 하지 않으면, 재앙(災殃)이 이로부터 시작된다. 옳다 그르다 헐뜯고 칭찬하는 사이에 일신(一身)에 욕(辱)을 당하게 된다'라고 말하고 있지요.

훌륭한 말은 좋은 무기가 될 수 있고, 자신의 행동에 대한 거울과 같으며, 자신의 인생(人生)을 나타내는 것 같습니다. 말은 적당히, 상대를 배려하며 유머스럽게 말할 수 있다면 금상첨화일 것입니다.

삶의 지혜

허장 지음

발행처·도서출판 **청어**
발행인·이영철
영 업·이동호
홍 보·천성래
기 획·남기환
편 집·방세화
디자인·이수빈 | 김영은
제작이사·공병한
인 쇄·두리터

등 록·1999년 5월 3일
(제321-3210000251001999000063호.)

1판 2쇄 발행·2022년 5월 10일

주소·서울특별시 서초구 남부순환로364길 8-15 동일빌딩 2층
대표전화·02-586-0477
팩시밀리·0303-0942-0478
홈페이지·www.chungeobook.com
E-mail·ppi20@hanmail.net
ISBN·979-11-5860-6855-019-3(03190)